BUKU MASALAH MAKANAN LAUT

RESEPI LOBSTER, UDANG, KERANGKANG DAN SALMON YANG SEDAP

Sim Khee Pu

Hak cipta terpelihara.

Penafian

Maklumat yang terkandung dalam eBook ini bertujuan untuk berfungsi sebagai koleksi strategi yang komprehensif yang telah dilakukan oleh pengarang eBook ini. Ringkasan, strategi, petua dan helah hanyalah cadangan oleh pengarang, dan membaca eBook ini tidak akan menjamin bahawa keputusan seseorang akan betul-betul mencerminkan hasil pengarang. Pengarang eBook telah melakukan segala usaha yang munasabah untuk memberikan maklumat terkini dan tepat untuk pembaca eBook. Pengarang dan rakan-rakannya tidak akan bertanggungjawab atas sebarang kesilapan atau peninggalan yang tidak disengajakan yang mungkin ditemui. Bahan dalam eBook mungkin termasuk maklumat oleh pihak ketiga. Bahan pihak ketiga terdiri daripada pendapat yang dinyatakan oleh pemiliknya. Oleh itu, pengarang eBook tidak memikul tanggungjawab atau liabiliti untuk sebarang bahan atau pendapat pihak ketiga.

EBook adalah hak cipta © 2022 dengan semua hak terpelihara. Adalah menyalahi undang-undang untuk mengedar semula, menyalin atau mencipta karya terbitan daripada eBook ini secara keseluruhan atau sebahagian. Tiada bahagian dalam laporan ini boleh diterbitkan semula atau dihantar semula dalam apa-apa pengeluaran semula atau dihantar semula dalam apa jua bentuk sekalipun tanpa kebenaran bertulis dan ditandatangani daripada pengarang.

ISI KANDUNGAN

ISI KANDUNGAN 4

PENGENALAN 8

LOBSTER 9

    1. Lobster Thermidor dengan Sos Newburg 10
    2. Maine lobster roll 13
    3. Termidor Lobster Sumbat 16
    4. Lobster dengan Vanila 19

UDANG 21

    5. Udang bakar pedas 22
    6. Udang herba bakar 25
    7. Udang dan brochette 28
    8. Paket udang 31
    9. Udang selasih 33
    10. Udang bakar berbalut daging 35
    11. Udang bakar 37
    12. Bakar Udang Alabama 39
    13. Hampir Udang Paesano 42
    14. Risotto Kacang dan Udang 44
    15. Bir-Udang Panggang 47
    16. Udang Teluk Rebus 49
    17. Sos Rémoulade 51
    18. California Scampi 53
    19. Udang Champagne dan Pasta 55
    20. Udang Kelapa dengan Jeli Jalapeño 58
    21. Udang Tempura Kelapa 60
    22. Cornsicles dengan Udang dan Oregano 63
    23. Udang Pesto Berkrim 66

24. Udang Delta.. 68
25. Udang Berkrim... 70
26. Sampan Terung... 72
27. Udang Bawang Putih.. 75
28. Udang Perap Bakar.. 78
29. Udang Texas... 81
30. Lidi udang Hawaii.. 83
31. Madu-Udang Bakar Thyme....................................... 85
32. Perap Bawang Putih Panggang................................ 88
33. Udang Panas dan Pedas... 90
34. Udang Panggang Itali.. 93
35. Udang Jerk dengan Nasi Jamaican Manis............... 95
36. Lemon-Udang Bakar Bawang Putih......................... 97
37. Udang Lada Limau.. 99
38. Esplanade Udang Louisiana.................................... 101
39. Udang Tumis Malibu.. 103
40. Udang Bakar... 106
41. Salad Udang Sejuk.. 108
42. Udang Batu M-80.. 110
43. Roti bakar Pekan.. 114
44. Udang a la Plancha di atas Saffron Allioli Toasts....117
45. Kari Udang dengan Sawi... 121
46. Kari Udang... 123
47. Udang dalam Sos Bawang Putih............................. 126
48. Udang dalam Sos Krim Sawi................................... 129
49. Gazpacho... 131
50. Linguine Udang Alfredo... 134
51. Marinara udang... 136
52. Udang Newburg... 138
53. Udang Perap Berempah.. 141
54. Udang Singapura yang pedas................................. 144
55. Udang Cahaya Bintang... 147

SOGIT...149

- 56. Sotong dalam Wain Merah..150
- 57. Sotong Acar...153
- 58. Sotong Dimasak Dalam Wain...156
- 59. Anak sotong bakar Sicily..158

KERANGKANG..161

- 60. Pai Periuk Makanan Laut...162
- 61. Kerang Bakar dengan Sos Bawang Putih..................................165
- 62. Kerang Provencal..167
- 63. Kerang dengan Sos Mentega Putih.......................................169

HADDOCK...172

- 64. Haddock dengan Herbed Butter..173
- 65. Cajun Spiced Haddock..176
- 66. Haddock, Leek dan Chowder Kentang.....................................178
- 67. Haddock salai dan Tomato Chutney......................................180

SALMON..183

- 68. Salmon panggang ajaib...184
- 69. Salmon dengan Delima dan Quinoa.......................................186
- 70. Salmon Bakar dan Ubi Keledek..189
- 71. Salmon Bakar dengan Sos Kacang Hitam..................................193
- 72. Salmon Bakar Paprika dengan Bayam.....................................196
- 73. Salmon Teriyaki dengan Sayuran..199
- 74. Salmon Gaya Asia dengan Mi..203
- 75. Salmon Rebus dalam Sup Tomato Bawang Putih............................206
- 76. Salmon rebus..210
- 77. Salmon Rebus dengan Salsa Herba Hijau.................................212
- 78. Salad salmon rebus sejuk..215
- 79. Salmon rebus dengan nasi melekit......................................219
- 80. Fillet Ikan Salmon Citrus...223
- 81. Lasagna Salmon..226
- 82. Ikan Salmon Teriyaki..231
- 83. Ikan Salmon Kulit Rangup dengan Balutan Kaper.........................234

84. Fillet Salmon dengan Kaviar..237
85. Stik salmon panggang ikan bilis..241
86. Salmon panggang asap BBQ...244
87. Salmon panggang arang dan kacang hitam......................247
88. Mercun panggang salmon Alaska..251
89. Salmon panggang kilat..254
90. Pasta dakwat salmon dan sotong panggang....................257
91. Salmon dengan bawang panggang....................................260
92. Salmon papan cedar..264
93. Salmon bawang putih salai..267
94. Salmon Bakar dengan Pic Segar...269
95. Salmon salai dan Keju Krim pada Roti Bakar....................273
96. Salad salmon panggang halia...276
97. Salmon panggang dengan salad adas..............................280
98. Salmon panggang dengan kentang dan selada air.........283

IKAN PEDANG...287

99. Ikan todak bijan mandarin..288
100. Stik ikan todak pedas..291

KESIMPULAN...293

PENGENALAN

Terdapat beberapa perkara dalam kehidupan yang terasa lazat dan istimewa di lidah anda seperti udang galah, udang atau sepinggan tuna yang baru dimasak atau disediakan dengan mahir. Jika anda tidak pernah tahu rasa ketam atau makanan laut yang cair di mulut anda, buku ini sesuai untuk anda!

Terdapat begitu banyak cara yang lazat untuk memasukkan makanan laut ke dalam penyediaan makanan anda. Ia adalah cara yang sihat dan lazat untuk makan protein tanpa lemak, mengenyangkan dan tulang belakang diet Mediterranean.

Resipi di bawah termasuk salmon, udang, kerang, sotong dan Haddock. Setiap resipi agak mudah dibuat, dan penuh dengan rasa yang luar biasa. Ada sedikit sesuatu untuk semua orang, daripada nasi goreng udang ke pesto salmon hingga kerang yang digoreng sempurna

LOBSTER

1. Lobster Thermidor dengan Sos Newburg

bahan-bahan

sos
- 3 sudu besar mentega
- 1 cawan jus kerang
- 1/4 hingga 1/2 cawan susu
- 1/2 sudu teh paprika
- Secubit garam
- 3 sudu besar sherry
- 2 sudu besar tepung serba guna
- 4 sudu besar krim ringan

Udang galah
- 5 auns daging udang galah, dipotong menjadi kepingan 1-inci
- 1 sudu besar pimentos dicincang halus
- 1/2 cawan cendawan dihiris tebal
- 1 sudu besar daun kucai dicincang
- Mentega untuk menumis
- 1 sudu besar sherry

Sos Newburg
- 1/2 hingga 1 cawan keju Cheddar parut
- Panaskan ketuhar hingga 350 darjah F.

Arah

a) Cairkan mentega dengan api sederhana sederhana. Apabila betul-betul cair, masukkan paprika dan kacau selama 2 minit. Masukkan tepung ke dalam mentega dan kacau selama 2 hingga 3 minit untuk memasak roux. Kacau sentiasa untuk mengelakkan hangus. Masukkan jus kerang dan kacau sehingga mula pekat. Masukkan 1/4 cawan susu, krim ringan dan sherry. Reneh selama 5 minit dan, jika perlu, tambah baki 1/4 cawan susu.

b) Dengan api sederhana, cairkan mentega secukupnya untuk menutup sedikit bahagian bawah kuali tumis yang berat dan besar. Letakkan udang galah, kucai, pimento dan cendawan dalam kuali dan kacau selama 3 hingga 4 minit. Besarkan api ke atas dan tambahkan sherry untuk mencairkan kuali. Berhati-hati kerana sherry mungkin menyala apabila alkohol terbakar.

c) Kacau dalam 4 auns Sos Newburg dan kacau selama 1 minit. Tuangkan ke dalam satu hidangan kaserol dan taburkan dengan keju. Bakar selama kira-kira 5 minit atau sehingga keju cair dan berbuih.

2. Maine lobster roll

bahan-bahan
- Empat udang galah 1 hingga 1 1/4 paun
- 1/4 cawan ditambah 2 sudu besar mayonis
- Garam dan lada yang baru dikisar
- 1/4 cawan saderi dihiris halus
- 2 sudu besar jus lemon segar
- Secubit lada cayenne
- 4 roti hot dog belah atas
- 2 sudu besar mentega tanpa garam, cair
- 1/2 cawan selada Boston yang dicincang

Arah

a) Sediakan mandian air ais yang besar. Dalam periuk air masin mendidih yang sangat besar, masak udang galah sehingga berubah menjadi merah terang, kira-kira 10 minit. Menggunakan penyepit, terjun udang galah ke dalam tab mandi air ais selama 2 minit, kemudian toskan.

b) Putar ekor udang galah dan cakar dan keluarkan daging. Keluarkan dan buang urat usus yang sepanjang setiap ekor udang galah. Potong daging udang galah kepada kepingan 1/2 inci dan keringkan, kemudian pindahkan ke set penapis di atas mangkuk dan sejukkan sehingga sangat sejuk, sekurang-kurangnya 1 jam

c) Dalam mangkuk besar, campurkan daging udang galah dengan mayonis dan perasakan dengan garam dan lada sulah. Masukkan saderi yang dipotong dadu, jus lemon dan lada cayenne sehingga sebati.

d) Panaskan kuali besar. Sapu bahagian tepi roti hot dog dengan mentega cair dan bakar dengan api sederhana sehingga perang keemasan di kedua-dua belah. Pindahkan roti hot dog ke dalam pinggan, isi dengan daun salad yang dicincang dan salad udang galah dan hidangkan segera.

3. Termidor Lobster Sumbat

bahan-bahan
- 6 (1 paun) ekor udang galah beku
- 10 sudu besar mentega, cair
- 1 cawan cendawan segar yang dihiris
- 4 sudu besar tepung
- 1 sudu teh mustard kering
- 2 sengkang pala dikisar
- 2 sengkang lada cayenne
- 1 sudu teh garam
- 1 cawan susu
- 1 cawan separuh-dan-separuh
- 2 biji kuning telur, dipukul sedikit
- 1 sudu teh jus lemon
- 2 sudu besar wain sherry
- 1/2 cawan serbuk roti halus
- 2 sudu besar keju Parmesan parut

Arah
a) Panaskan ketuhar hingga 450 darjah F.
b) Letakkan ekor udang galah dalam periuk besar berisi air mendidih dan tutup. Masak sehingga lembut, kira-kira 20 minit; longkang.
c) Potong setiap ekor separuh memanjang dan potong dadu daging udang galah. Ketepikan ekor udang galah yang kosong.
d) Tuangkan 1/4 cawan mentega dalam periuk; masukkan cendawan dan tumis hingga sedikit keperangan. Campurkan tepung dan campurkan dengan bahan perasa. Masukkan susu dan separuh-dan-separuh secara beransur-ansur ke

dalam adunan, kacau sentiasa sehingga pekat. Tambah sedikit campuran panas ke kuning telur, kacau sentiasa; kemudian kembalikan campuran kuning telur ke sos krim, sekali lagi kacau sentiasa dan masak sehingga pekat. Kacau dalam jus lemon, sherry dan daging udang galah; sudu ke dalam kulit udang galah. Satukan serbuk roti, keju Parmesan dan baki mentega; taburkan atas ekor udang galah yang disumbat. Letakkan pada lembaran biskut dan bakar pada 400 darjah F selama 15 minit.

Hidangan 6.

4. Lobster dengan Vanila

bahan-bahan
- Hidup 1 1/2 paun udang galah setiap orang
- 1 biji bawang
- 1 ulas bawang putih
- Tomato, dikupas kulit dan dicincang halus
- Sedikit wain atau stok ikan
- Mentega
- Sherry
- Ekstrak vanila
- Lada cayenne

Arah

a) Potong udang galah separuh. Retakkan kuku dan potong ekor melalui sendi. Cairkan satu tombol mentega dalam kuali tumis yang berat, goreng bawang merah dan bawang putih perlahan-lahan. Masukkan kepingan udang galah dan masak sehingga menjadi merah, sebelum dialihkannya ke tempat yang hangat.

b) Sekarang besarkan api dan masukkan bahan-bahan lain, kecuali vanila, mentega dan cayenne. Kecilkan tomato sehingga menjadi bubur yang menggelegak, kemudian kecilkan api dan masukkan mentega ke dalam kepingan dan kacau untuk menghentikan sos daripada memisahkan.

c) Akhir sekali, tambah setengah sudu teh vanila dan segelas cayenne. Tuangkan sos ke atas udang galah dan hidangkan bersama nasi.

UDANG

5. Udang bakar pedas

Hidangan 6

bahan-bahan

- 1/3 cawan minyak zaitun
- 1/4 cawan minyak bijan
- 1/4 cawan pasli segar dicincang
- 3 Sudu Besar Sos BBQ Chipotle Pedas
- 1 Sudu besar bawang putih kisar
- 1 Sudu Besar Sos Chile Asia 1 sudu teh garam
- 1 sudu kecil lada hitam
- 3 Sudu besar jus lemon
- 2 paun udang besar, dikupas dan dibuang urat
- 12 lidi kayu, direndam dalam air
- Menggosok

Arah

a) Pukul bersama minyak zaitun, minyak bijan, pasli, Sos BBQ Chipotle Pedas, bawang putih cincang, sos Chile, garam, lada sulah dan jus lemon dalam mangkuk adunan. Ketepikan lebih kurang 1/3 bahan perapan ini untuk digunakan semasa memanggang.

b) Letakkan udang dalam beg plastik besar yang boleh ditutup semula. Tuangkan baki perapan dan tutup beg. Sejukkan selama 2 jam. Panaskan The Good-One® Grill untuk haba yang tinggi. Masukkan udang ke lidi, tusuk sekali dekat ekor dan sekali dekat kepala. Buang perapan.

c) Parut pemanggang minyak ringan. Masak udang selama 2 minit setiap sisi sehingga legap, kerap dioles dengan perapan yang disediakan

6. Udang herba bakar

Hidangan 4

bahan-bahan

- 2 paun udang jumbo yang dikupas dan dibuang $\frac{3}{4}$ cawan minyak zaitun
- 2 sudu besar jus lemon yang baru diperah 2 cawan basil segar yang dicincang
- 2 ulas bawang putih, ditumbuk
- 1 sudu besar pasli cincang 1 sudu teh garam
- $\frac{1}{2}$ sudu teh oregano
- $\frac{1}{2}$ sudu teh lada hitam yang baru dikisar

Arah

a) Letakkan udang dalam satu lapisan dalam gelas cetek atau hidangan seramik.
b) Dalam pemproses makanan, campurkan minyak zaitun dengan jus lemon.
c) Tutup dan sejukkan selama 2 jam. Kacau udang 4 hingga 5 kali semasa perapan.
d) Sediakan panggangan.
e) Minyak sedikit pada rak memanggang.
f) Letakkan udang di atas rak yang telah disapu minyak (boleh lidi sate jika mahu) di atas arang panas dan panggang selama 3 hingga 5 minit

pada setiap sisi sehingga sedikit hangus dan masak. Jangan terlalu masak.

g) Hidangkan segera.

7. Udang dan brochette

Hidangan 4 (bahagian pembuka selera)

bahan-bahan

- ½ sudu besar sos panas
- 1 sudu besar mustard gaya Dijon 3 sudu besar bir
- ½ paun udang besar, dikupas dan dikeringkan
- 3 keping bacon, potong memanjang kepada 12 jalur
- 2 sudu besar gula perang ringan

Arah

a) Satukan sos panas, mustard dan bir dalam mangkuk adunan.
b) Masukkan udang dan gaul hingga rata. Sejukkan sekurang-kurangnya 2 jam. Toskan dan simpan perapan. Balut setiap udang dengan sekeping bacon.
c) Masukkan 3 ekor udang pada 4 lidi berganda. Masukkan brochettes ke dalam mangkuk cetek dan tuangkan perapan yang telah disediakan. Taburkan udang dengan gula. Sejukkan sekurang-kurangnya 1 jam
d) Sediakan Good-One Grill. Letakkan brochettes di atas panggangan, tuangkan perapan ke

atasnya, dan tutup penutup. Masak selama 4 minit, kemudian terbalikkan, tutup tudung dan masak selama 4 minit.
e) Hidangkan segera

8. Paket udang

bahan-bahan

- 4 paun Udang Besar
- 1 Cawan Mentega atau Marjerin
- 1 Ulas Bawang Putih Besar, Kisar
- 1/2 sudu kecil lada hitam
- 1 sudu teh garam
- 1 cawan pasli, dicincang

Arah

a) Kupas dan bersihkan udang
b) Mentega krim; masukkan baki bahan ke dalam mentega dan gaul rata. Potong 6 (9 inci) jalur kerajang aluminium tugas berat. Kemudian potong setiap jalur kepada separuh. Bahagikan udang sama rata pada setiap kepingan foil. Teratas setiap satu dengan 1/12 daripada adunan mentega, angkat kerajang di sekeliling udang; pusing dengan ketat untuk mengelak. Letakkan bungkusan udang di atas bara api. Masak 5 minit.

Membuat 12 peket

9. Udang selasih

bahan-bahan

- 2 1/2 sudu besar minyak zaitun
- 1/4 cawan mentega, cair
- 1/2 biji lemon, dijus
- sudu besar sawi yang disediakan bijirin kasar
- auns selasih segar cincang
- ulas bawang putih, dikisar
- garam secukup rasa
- 1 secubit lada putih
- 3 paun udang segar, dikupas dan dikeringkan

Arah

a) Dalam mangkuk atau mangkuk cetek, tidak berliang, campurkan minyak zaitun dan mentega cair. Kemudian masukkan jus lemon, mustard, basil dan bawang putih, dan perasakan dengan garam dan lada putih. Masukkan udang, dan gaulkan hingga rata. Tutup, dan letakkan di dalam peti sejuk atau sejuk selama 1 jam. Panaskan gril ke api tinggi.

b) Keluarkan udang dari perapan, dan benang pada lidi. Parut sedikit minyak, dan susun lidi di atas panggangan. Masak selama 4 minit, pusing sekali, sehingga masak.

10. Udang bakar berbalut daging

bahan-bahan

- 1 lb. udang besar
- hirisan bacon, potong 1/2
- keju jek lada

Arah

a) Basuh, kulit, dan buang udang. Belah belakang setiap udang. Letakkan sekeping kecil keju dalam celah dan balut dengan sekeping bacon. Gunakan pencungkil gigi untuk memegang bersama.

b) Masak di atas panggangan sehingga daging sedikit garing. Ini sedap dan mudah!

11. Udang bakar

bahan-bahan

- 1 paun udang bersaiz sederhana
- 3-4 sudu besar minyak zaitun
- 2 sudu besar "Perasa Teluk Lama"

Arah

a) Kupas dan buang udang, biarkan di ekor. Letakkan semua bahan dalam beg kunci zip dan goncang dengan baik. Ini boleh diperap 5 minit atau beberapa jam.

b) Letakkan udang di atas "grill pan" (dengan lubang supaya udang tidak jatuh di antara jeriji pada gril) dan panggang sederhana tinggi selama beberapa minit. Sangat pedas

Hidangan 2

12. Bakar Udang Alabama

bahan-bahan

- 1 cawan mentega atau marjerin, cair
- 3/4 cawan jus lemon
- 3/4 cawan sos Worcestershire
- 1 sudu besar garam
- 1 sudu besar lada yang dikisar kasar
- 1 sudu teh rosemary kering
- 1/8 sudu kecil lada merah dikisar
- 1 sudu besar sos panas
- 3 ulas bawang putih, dikisar
- 2 1/2 paun udang besar atau jumbo yang belum dikupas
- 2 biji lemon, dihiris nipis
- 1 bawang sederhana, dihiris nipis
- Tangkai rosemary segar

Arah

a) Satukan 9 bahan pertama dalam mangkuk kecil; mengetepikan.

b) Bilas udang dengan air sejuk; longkang dengan baik. Lapiskan udang, hirisan limau nipis dan hirisan bawang dalam loyang bersaiz 13 x 9 x 2-inci tanpa minyak. Tuang adunan mentega ke atas udang. Bakar tanpa penutup, pada 400 darjah F selama 20 hingga 25 minit atau sehingga udang bertukar merah jambu, sesekali dioles dengan jus kuali. Hiaskan dengan tangkai rosemary segar.

13. Hampir Udang Paesano

bahan-bahan

- udang
- 1 biji telur
- 1 cawan susu
- Garam dan lada sulah secukup rasa
- 1 paun udang lebih besar, dikupas dan dikeringkan, tinggal ekornya
- 1/2 cawan tepung serba guna
- Minyak sayuran

Arah

a) Dalam mangkuk cetek, satukan telur, susu, garam dan lada sulah. Celupkan udang dalam adunan, kemudian celupkan dalam tepung sedikit.

b) Panaskan minyak dalam kuali tumis sehingga panas, dan kemudian masukkan udang 4 hingga 6 pada satu masa, pastikan udang mempunyai banyak ruang untuk memasak. (Adalah penting bahawa udang tidak berdekatan antara satu sama lain atau bersentuhan.) Perangkannya di satu sisi, kemudian putar dan perangkannya di sebelah yang lain. Masak sehingga masak, atau letakkan di atas lembaran pembakar dalam ketuhar 350 darjah F yang dipanaskan terlebih dahulu untuk selesai memasak. Sementara itu, sediakan sos.

14. Risotto Kacang dan Udang

bahan-bahan

- 1 ½ cawan bawang, dicincang
- 1 paun udang yang telah dikupas kulit
- 4 ulas bawang putih, dikisar
- 1 cawan kacang snap
- 1 sudu besar minyak zaitun
- 1 tin kacang ginjal atau ½ cawan masak
- 3 hingga 4oz. cendawan, dihiris
- kacang buah pinggang pakej kering, dibilas,
- 1 ½ cawan beras Arborio, toskan
- 3 tin sup ayam kurang lemak tanpa lemak
- 1 tomato sederhana, dicincang
- cawan Parmesan atau keju Asiago
- garam dan lada sulah secukup rasa

Arah

a) Tumis bawang merah, bawang putih, dan cendawan dalam minyak dalam periuk besar sehingga lembut, 5 hingga 8 Minit.
b) Kacau nasi dan masak 2 hingga 3 Minit.
c) Panaskan sup hingga mendidih dalam periuk sederhana; mengurangkan haba kepada rendah. Masukkan 1 cawan sup ke dalam nasi dan masak, kacau sentiasa, sehingga sup diserap, 1 hingga 2 Minit. Perlahan-lahan masukkan 2 cawan sup dan renehkan, kacau, sehingga sup diserap.

d) Masukkan udang, kacang pic dan baki kuah ke dalam periuk. Masak, kacau kerap, sehingga nasi hanya lembut dan cecair diserap, 5 hingga 10 Minit.

e) Tambah kacang dan tomato; masak 2 hingga 3 Minit lagi. Kacau dalam keju; perasakan dengan garam dan lada sulah secukup rasa.

15. Bir-Udang Panggang

bahan-bahan

- 3/4 cawan Bir
- 3 sudu besar minyak sayuran
- 2 sudu besar pasli yang dihiris
- 4 sudu teh sos Worcestershire
- 1 ulas bawang putih, dikisar
- 1/2 sudu teh garam
- 1/8 sudu teh lada
- 2 paun udang besar, tidak berkulit

Arah

a) Satukan minyak, pasli, sos Worcestershire, bawang putih, garam dan lada sulah. Masukkan udang; kacau. Penutup; biarkan pada suhu bilik selama 1 jam.

b) Toskan, simpan perapan. Letakkan udang di atas rak ayam daging yang telah digris dengan baik; panggang 4 hingga 5 inci dari api selama 4 minit. pusing; berus dengan perapan. Panggang 2 hingga 4 minit lebih atau sehingga merah jambu terang.

Membuat 6 hidangan

16. Udang Teluk Rebus

bahan-bahan

- 1 gelen air
- 3 auns daging ketam
- 2 biji lemon, dihiris
- 6 biji lada
- 2 daun salam
- 5 paun udang mentah dalam kulit

Arah

a) Didihkan air yang diperisakan dengan rebusan ketam, limau nipis, lada sulah dan daun salam. Masukkan udang.

b) Apabila air kembali mendidih, masak jumbo atau udang besar selama 12 hingga 13 minit dan udang sederhana selama 7 hingga 8 minit. Keluarkan dari haba dan tambah 1 liter air ais. Biarkan selama 10 minit. longkang.

17. Sos Rémoulade

bahan-bahan

- 1/2 sudu besar mustard Creole atau lebih
- 2 sudu besar bawang parut
- 1 pain mayonis
- 1/4 cawan lobak pedas atau lebih
- 1/2 cawan daun kucai dicincang
- 1/4 sudu teh garam
- 1 sudu besar jus lemon
- 1/4 sudu teh lada

Arah

a) Campurkan semua bahan. Hidangkan di atas udang rebus sejuk untuk hidangan utama rémoulade udang atau gunakan sebagai celup untuk udang rebus. Sos adalah yang terbaik selepas 24 jam.

b) Membuat 2 1/4 cawan sos.

18. California Scampi

bahan-bahan

- 1 paun mentega, dijelaskan
- 1 sudu besar bawang putih kisar
- 1 sudu teh garam
- 1 sudu kecil lada
- 1 1/2 paun udang besar, dibuang kulit dan dibuang uratnya

Arah
a) Panaskan 3 sudu besar mentega yang telah dijelaskan dalam kuali besar. Masukkan bawang putih dan tumis. Masukkan garam dan lada sulah dan udang, yang boleh disapu rama-rama, jika mahu. Tumis hingga udang bertukar warna dan empuk. Masukkan baki mentega dan panaskan. Letakkan udang di atas pinggan dan sudukan mentega panas.
b) Membuat 4 hingga 6 hidangan
c)

19. Udang Champagne dan Pasta

bahan-bahan

- 8 auns pasta rambut malaikat
- 1 sudu besar minyak zaitun extra-virgin
- 1 cawan cendawan segar yang dihiris
- 1 paun udang sederhana, dikupas dan dikeringkan
- 1-1/2 cawan champagne
- 1/4 sudu teh garam
- 2 sudu besar bawang merah kisar
- 2 biji tomato plum, potong dadu
- 1 cawan krim berat
- garam dan lada sulah secukup rasa
- 3 sudu besar pasli segar yang dicincang
- keju Parmesan yang baru diparut

Arah

a) Didihkan periuk besar berisi air masin. Masak pasta dalam air mendidih selama 6 hingga 8 minit atau sehingga al dente; longkang. Sementara itu, panaskan minyak di atas api sederhana tinggi dalam kuali besar. Masak dan kacau cendawan dalam minyak sehingga lembut. Keluarkan cendawan dari kuali, dan ketepikan.

b) Satukan udang, champagne, dan garam dalam kuali, dan masak dengan api yang tinggi. Apabila cecair mula mendidih, keluarkan udang dari kuali. Tambah bawang merah dan tomato kepada champagne; rebus sehingga cecair berkurangan kepada 1/2 cawan, kira-kira 8 minit. Kacau dalam 3/4 cawan krim; rebus sehingga sedikit pekat, kira-kira 1 hingga 2 minit. Masukkan udang dan cendawan ke dalam sos, dan panaskan.

c) Sesuaikan perasa ikut citarasa. Toskan pasta panas dan masak dengan baki 1/4 cawan krim dan pasli. Untuk menghidangkan, sudukan udang dengan sos di atas pasta, dan atasnya dengan keju Parmesan.

20. Udang Kelapa dengan Jeli Jalapeño

bahan-bahan

- 3 cawan kelapa parut
- 12 (16-20 atau 26-30) udang, dikupas dan dikeringkan
- 1 cawan tepung
- 2 biji telur, dipukul
- Minyak sayuran

Arah

a) Bakar sedikit kelapa pada helaian biskut dalam ketuhar 350 darjah F selama 8 hingga 10 minit.
b) Rama-rama setiap udang dengan membelah memanjang ke bawah bahagian tengah, memotong tiga perempat daripada laluan melalui. Korek udang dalam tepung dan kemudian celup dalam telur. Tekan kelapa parut ke dalam udang dan kemudian goreng dalam minyak sayuran 350 darjah F sehingga perang keemasan.
c) Hidangkan dengan Jeli Jalapeño.

21. Udang Tempura Kelapa

bahan-bahan

- 2/3 cawan tepung
- 1/2 cawan tepung jagung
- 1 biji telur besar, dipukul
- 1 cawan kelapa parut segar
- 1 cawan air soda ais-sejuk
- garam
- 1 paun udang besar, dikupas, dikupas, dan di atas ekor
- perasa kreol
- 1 balang chutney mangga
- 1 pisang
- 1 sudu besar ketumbar, dicincang halus

Arah

a) Panaskan penggoreng.
b) Dalam mangkuk adunan bersaiz sederhana, satukan tepung, tepung jagung, telur, kelapa dan air soda. Gaul rata untuk membuat adunan yang licin. Perasakan dengan garam. Perasakan udang dengan perasa Creole. Pegang ekor udang, celup dalam adunan, salutkan sepenuhnya dan goncang lebihan. Goreng udang secara berkelompok sehingga perang keemasan, kira-kira 4 hingga 6 minit. Keluarkan dan toskan pada tuala kertas. Perasakan dengan perasa Creole.

c) Kupas pisang. Hiris pisang nipis, memanjang. Goreng mereka sehingga perang keemasan. Keluarkan dan toskan pada tuala kertas. Perasakan dengan perasa Creole.
d) Letakkan beberapa chutney mangga di tengah setiap pinggan. Letakkan udang di sekeliling chutney. Hiaskan dengan pisang goreng dan ketumbar.

22. Cornsicles dengan Udang dan Oregano

bahan-bahan

- 6 biji jagung
- 1 sudu teh garam
- 1/4 sudu teh lada putih
- 1 sudu besar oregano Mexico segar yang dicincang atau
- 1 sudu teh oregano Mexico kering
- 12 ekor udang sederhana
- 24 batang es loli

Arah

a) Kupas, devein dan potong udang. Potong jagung dan keluarkan sekam dan sutera. Simpan dan cuci sekam yang lebih besar. Potong biji jagung dari tongkol, kikis susu sebanyak yang anda boleh. Kisar bijirin menggunakan penggiling daging dengan mata pisau yang tajam. Masukkan garam, lada putih, oregano dan udang. Gaul sebati.

b) Panaskan ketuhar hingga 325 darjah F.

c) Titiskan satu sudu besar adunan jagung ke tengah sekam bersih. Lipat bahagian kiri sekam ke tengah, kemudian kanan, dan kemudian lipat bahagian bawah ke atas. Tolak batang Popsicle 2 hingga 3 inci ke dalam hujung terbuka dan cubit sekam di sekeliling kayu dengan jari anda. Koyakkan helai nipis dari sekam kering dan ikat di sekeliling jagung. Letakkan gulung, melekat di udara dan rapat sekali, dalam hidangan pembakar kaca atau kuali roti. Bakar 30 minit, sehingga adunan jagung pejal dan pejal.

d) Untuk makan jagung, kupas kulit jagung dan makan panas dari batang, seperti yang anda lakukan dengan Popsicle.

23. Udang Pesto Berkrim

bahan-bahan

- 1 paun pasta linguine
- 1/2 cawan mentega
- 2 cawan krim berat
- 1/2 sudu kecil lada hitam dikisar
- 1 cawan keju Parmesan parut
- 1/3 cawan pesto
- 1 paun udang besar, dikupas dan dikeringkan

Arah

Didihkan periuk besar berisi air masin. Tambah pasta linguine, dan masak selama 8 hingga 10 minit, atau sehingga al dente; longkang. Dalam kuali besar, cairkan

mentega di atas api sederhana. Kacau krim, dan perasakan dengan lada. Masak 6 hingga 8 minit, kacau sentiasa. Kacau keju Parmesan ke dalam sos krim, kacau sehingga sebati. Campurkan pesto, dan masak selama 3 hingga 5 minit, sehingga pekat. Masukkan udang, dan masak sehingga bertukar merah jambu, kira-kira 5 minit. Hidangkan di atas linguine panas.

24. Udang Delta

bahan-bahan

- 2 liter air
- 1/2 lemon besar, dihiris
- 2 1/2 paun udang segar besar yang belum dikupas
- 1 cawan minyak sayuran
- 2 sudu besar sos panas
- 1 1/2 sudu teh minyak zaitun
- 1 1/2 sudu teh bawang putih kisar
- 1 sudu teh pasli segar cincang
- 3/4 sudu teh garam
- 3/4 sudu teh perasa Old Bay
- 3/4 sudu teh basil kering keseluruhan
- 3/4 sudu teh oregano kering keseluruhan
- 3/4 sudu teh kering keseluruhan thyme
- Daun selada

Arah

a) Didihkan air dan lemon; masukkan udang dan masak 3 hingga 5 minit. Toskan dengan baik; bilas dengan air sejuk. Kupas dan buang udang, biarkan ekornya utuh. Letakkan udang dalam mangkuk besar.

b) Satukan minyak dan 9 bahan seterusnya; kacau dengan pukul wayar. Tuang atas udang. Toskan untuk melapisi udang.

25. Udang Berkrim

bahan-bahan

- 3 tin krim sup udang
- 1 1/2 sudu kecil serbuk kari
- 3 cawan krim masam
- 1 1/2 paun udang, masak dan dikupas

Arah

a) Satukan semua bahan dan panaskan di atas double boiler.
b) Hidangkan di atas nasi atau dalam kulit patty.

26. Sampan Terung

bahan-bahan

- 4 biji terung sederhana
- 1 cawan bawang, dicincang
- 1 cawan bawang hijau, dicincang
- 4 ulas bawang putih, cincang
- 1 cawan lada benggala, dicincang
- 1/2 cawan saderi, dicincang
- 2 daun salam
- 1 sudu teh thyme
- 4 sudu teh garam
- 1 sudu kecil lada hitam
- 4 sudu besar minyak bacon
- 1 1/2 paun udang mentah, dikupas
- 1/2 cawan (1 batang) mentega
- 1 sudu besar sos Worcestershire
- 1 sudu teh sos panas Louisiana
- 1 cawan serbuk roti Itali yang berpengalaman
- 2 biji telur, dipukul
- 1/2 cawan pasli, dicincang
- 1 paun ketul daging ketam
- 3 sudu besar jus lemon
- 8 sudu besar keju Romano, parut
- 1 cawan keju Cheddar tajam, parut

Arah

a) Potong terung separuh memanjang dan rebus dalam air masin selama kira-kira 10 minit atau sehingga empuk. Angkat bahagian dalam dan potong halus. Letakkan kulit terung dalam bekas pembakar cetek. Tumis bawang, bawang hijau, bawang putih, lada benggala, saderi, daun bay, thyme, garam dan lada dalam minyak bacon selama kira-kira 15 hingga 20 minit. Masukkan terung cincang dan masak bertutup selama kira-kira 30 minit.

b) Dalam kuali yang berasingan, tumis udang dalam mentega sehingga berubah menjadi merah jambu, kira-kira 2 minit, kemudian masukkan ke dalam campuran terung. Masukkan sos Worcestershire, sos panas, serbuk roti dan telur ke dalam adunan terung. Masukkan pasli dan jus lemon. Tambah keju. Masukkan daging ketam perlahan-lahan. Isi kulit terung dengan adunan. Bakar tanpa penutup pada 350 darjah F sehingga panas dan perang, kira-kira 30 minit.

Menghasilkan 8 hidangan

27. Udang Bawang Putih

bahan-bahan

- 2 sudu besar minyak zaitun
- 4 ulas bawang putih, hiris nipis
- 1 sudu besar lada merah ditumbuk
- 1 paun udang
- garam dan lada sulah, secukup rasa

Arah

a) Panaskan minyak zaitun dalam kuali dengan api sederhana. Masukkan bawang putih dan lada merah. Tumis sehingga bawang putih keperangan, kacau selalu untuk memastikan bawang putih tidak hangus.

b) Toskan udang ke dalam minyak (berhati-hati supaya minyak tidak terpercik ke atas anda). Masak selama 2 minit pada setiap sisi, sehingga merah jambu.

c) Masukkan garam dan lada sulah. Masak selama satu minit lagi sebelum dikeluarkan dari api. Hidangkan dengan hirisan baguette (gaya tapas) atau dengan pasta.

d) Jika anda melambung dengan pasta: Mulakan dalam periuk besar. Masak udang seperti yang diarahkan, sambil membuat pasta dalam periuk berasingan (anda mungkin akan memulakan pasta sebelum udang, kerana udang hanya mengambil masa 5-7 minit). Semasa mengeringkan pasta, simpan sedikit air pasta.

e) Apabila udang habis, tuangkan pasta yang telah dimasak ke dalam periuk bersama udang dan gaul rata, salut pasta dengan bawang putih dan minyak yang diselitkan lada merah. Tambah air pasta yang dikhaskan, dalam kenaikan sudu, jika perlu.

f) Teratas dengan pasli cincang.

28. Udang Perap Bakar

bahan-bahan

- 1 cawan minyak zaitun
- 1/4 cawan pasli segar yang dicincang
- 1 lemon, dijus
- 2 sudu besar sos lada panas
- 3 ulas bawang putih, dikisar
- 1 sudu besar pes tomato
- 2 sudu teh oregano kering
- 1 sudu teh garam
- 1 sudu kecil lada hitam dikisar
- 2 paun udang besar, dikupas dan dikeringkan dengan berekor
- Lidi

Arah

a) Dalam mangkuk adunan, campurkan bersama minyak zaitun, pasli, jus lemon, sos panas, bawang putih, pes tomato, oregano, garam, dan lada hitam. Rizab sedikit untuk basting nanti. Tuangkan baki perapan ke dalam beg plastik besar yang boleh ditutup semula dengan udang. Tutup, dan perap dalam peti sejuk selama 2 jam.

b) Panaskan gril untuk api sederhana-rendah. Masukkan udang ke lidi, tusuk sekali dekat ekor dan sekali dekat kepala. Buang perapan.

c) Parut pemanggang minyak ringan. Masak udang selama 5 minit setiap sisi, atau sehingga legap, kerap dioles dengan perapan yang disediakan.

29. Udang Texas

bahan-bahan

- 1/4 cawan minyak sayuran
- 1/4 cawan tequila
- 1/4 cawan cuka wain merah
- 2 sudu besar jus limau Mexico
- 1 sudu besar cili merah kisar
- 1/2 sudu teh garam
- 2 ulas bawang putih, cincang halus
- 1 lada benggala merah, dicincang halus
- 24 ekor udang mentah besar, dikupas dan dibuang uratnya

Arah

a) Campurkan semua bahan kecuali udang dalam gelas cetek atau pinggan plastik. Masukkan udang. Tutup dan sejukkan selama 1 jam.

b) Keluarkan udang dari perapan, simpan perapan. Masukkan 4 ekor udang pada setiap enam lidi logam (8-inci). Bakar di atas arang sederhana, pusing sekali, sehingga merah jambu, 2 hingga 3 minit pada setiap sisi.

c) Panaskan perapan hingga mendidih dalam periuk tidak reaktif. Kurangkan haba kepada rendah. Reneh tanpa ditutup sehingga lada benggala lembut, kira-kira 5 minit. Hidangkan bersama udang.

30. Lidi udang Hawaii

bahan-bahan

- 1/2 paun udang, dikupas, dibuang dan belum dimasak 1/2 paun teluk atau kerang laut 1 tin ketul nanas dalam jus
- 1 lada benggala hijau, potong serong
- hirisan bacon

sos:

- 6 auns sos barbeku
- 16 auns salsa
- 2 sudu besar jus nanas
- 2 sudu besar wain putih

Arah

a) Kisar bahan sos hingga sebati. Lidi ketulan nanas, udang, kerang, hirisan lada benggala dan hirisan bacon yang dilipat.

b) Lidi lidi rata pada setiap sisi dan panggang. Masak sehingga udang menjadi warna merah jambu. Hidangkan bersama nasi.

31. Madu-Udang Bakar Thyme

bahan-bahan

- Perap Bawang Putih Panggang
- 2 paun udang besar segar atau beku yang belum dimasak dalam kulit
- 1 lada benggala merah sederhana, potong segi empat sama 1-inci dan rebus
- 1 lada benggala kuning sederhana, potong segi empat sama 1-inci dan rebus
- 1 biji bawang merah sederhana, potong empat dan dipisahkan

Arah

a) Sediakan Perap Bawang Putih Panggang
b) Kupas udang. (Jika udang dibekukan, jangan cair; kupas dalam air sejuk.) Buat potongan cetek memanjang ke belakang setiap udang; membasuh urat.
c) Tuangkan 1/2 cawan perapan ke dalam beg plastik kecil yang boleh ditutup semula; tutup beg dan sejukkan sehingga dihidangkan. Tuangkan baki perapan ke dalam beg plastik besar yang boleh ditutup semula. Masukkan udang, lada benggala dan bawang besar, putar hingga salut dengan perapan. Tutup beg dan sejukkan sekurang-kurangnya 2 jam tetapi tidak lebih daripada 24 jam.
d) Berus rak gril dengan minyak sayuran. Panaskan arang atau gril gas untuk haba terus. Keluarkan

udang dan sayur-sayuran dari perapan; longkang dengan baik. Buang perapan. Ulirkan udang dan sayur-sayuran secara berselang-seli pada setiap enam lidi logam bersaiz 15 inci, biarkan ruang antara setiap satu.

e) Kebab panggang dibuka 4 hingga 6 inci dari haba PANAS 7 hingga 10 minit, pusing sekali, sehingga udang menjadi merah jambu dan pejal. Letakkan kabob di atas dulang hidangan. Potong sudut kecil dari beg plastik kecil perapan simpanan, menggunakan gunting. Siramkan perapan ke atas udang dan sayur.

Hasil: 6 hidangan.

32. Perap Bawang Putih Panggang

bahan-bahan
- 1 bawang putih mentol sederhana
- 1/3 cawan minyak zaitun atau sayuran
- 2/3 cawan jus oren
- 1/4 cawan mustard madu pedas
- 3 sudu besar madu
- 3/4 sudu teh daun thyme kering, dihancurkan

Arah
a) Panaskan ketuhar hingga 375 darjah F.
b) Potong satu-pertiga bahagian atas mentol bawang putih yang belum dikupas, dedahkan ulas. Letakkan bawang putih dalam hidangan pembakar kecil; siram dengan minyak.
c) Tutup rapat dan bakar 45 minit; sejuk. Perah pulpa bawang putih dari kulit kertas. Letakkan bawang putih dan baki bahan dalam pengisar.
d) Tutup dan gaul pada kelajuan tinggi sehingga licin. Membuat kira-kira 1 1/2 cawan.

33. Udang Panas dan Pedas

bahan-bahan
- 1 paun mentega
- 1/4 cawan minyak kacang tanah
- 3 ulas bawang putih, cincang
- 2 sudu besar rosemary
- 1 sudu teh basil cincang
- 1 sudu teh thyme cincang
- 1 sudu teh oregano cincang
- 1 lada panas kecil, dicincang, atau
- 2 sudu besar lada cayenne kisar
- 2 sudu teh lada hitam tanah segar
- 2 helai daun salam, hancur
- 1 sudu besar paprika
- 2 sudu teh jus lemon
- 2 paun udang mentah dalam cengkerangnya
- garam

Arah

a) Udang hendaklah bersaiz hingga 30–35 setiap paun.

b) Cairkan mentega dan minyak dalam hidangan pembakar kalis api. Masukkan bawang putih, herba, lada, daun bay, paprika, dan jus lemon, dan biarkan mendidih. Kecilkan api dan reneh selama 10 minit, kacau selalu. Keluarkan hidangan dari api dan biarkan perisa berkahwin sekurang-kurangnya 30 minit.

c) Sos mentega panas ini boleh dibuat sehari lebih awal dan disejukkan. Panaskan ketuhar hingga

450 darjah F. Panaskan semula sos, masukkan udang, dan masak dengan api sederhana sehingga udang bertukar merah jambu, kemudian bakar dalam ketuhar kira-kira 30 minit lagi. Rasa untuk perasa, tambah garam jika perlu.

d) Sop sos mentega dengan roti berkerak selepas udang dimakan.

34. Udang Panggang Itali

bahan-bahan
- 2 paun udang jumbo
- 1/4 cawan minyak zaitun
- 2 sudu besar bawang putih, dikisar
- 1/4 cawan tepung
- 1/4 cawan mentega, cair
- 4 sudu besar pasli, dicincang
- 1 cawan Sos Mentega Ditarik

Arah

a) Udang tempurung, tinggalkan ekor. Keringkan, kemudian taburkan dengan tepung. Kacau minyak dan mentega ke dalam hidangan penaik rata; masukkan udang. Bakar dengan api sederhana selama 8 minit. Masukkan bawang putih dan pasli ke dalam Sos Mentega Ditarik. Tuang atas udang.

b) Kacau sehingga udang bersalut. Panggang 2 minit lagi.

35. Udang Jerk dengan Nasi Jamaican Manis

bahan-bahan
- 1 paun udang sederhana (51-60 kiraan), mentah, kulit di atas perasa Jerk
- 2 cawan nasi masak panas
- 1 (11 auns) tin oren mandarin, toskan dan cincang
- 1 (8 auns) tin nanas dihancurkan, toskan
- 1/2 cawan lada benggala merah dicincang
- 1/4 cawan badam yang dihiris, dibakar
- 1/2 cawan daun bawang dihiris
- 2 sudu besar kelapa parut, bakar
- 1/4 sudu teh halia kisar

Arah
a) Sediakan perapan jerk mengikut arahan pakej di belakang perasa jerk.
b) Kupas dan buang udang dengan meninggalkan ekornya. Letakkan dalam perapan semasa menyediakan nasi.
c) Dalam kuali besar, satukan semua bahan yang tinggal. Masak dengan api sederhana tinggi, kacau sentiasa selama 5 minit atau sehingga betul-betul panas. Keluarkan udang dari perapan. Letakkan dalam kuali ayam dalam satu lapisan. Panggang 5 hingga 6 inci dari api selama 2 minit.
d) Kacau rata dan panggang lagi 2 minit atau sehingga udang berwarna merah jambu sahaja.
e) Hidangkan bersama nasi.

36. Lemon-Udang Bakar Bawang Putih

bahan-bahan
- 2 paun udang sederhana, dikupas dan dikeringkan
- 2 ulas bawang putih, dibelah dua
- 1/4 cawan mentega atau marjerin, cair
- 1/2 sudu teh garam
- Lada tanah kasar
- 3 titik sos panas
- 1 sudu besar sos Worcestershire
- 5 sudu besar pasli segar yang dicincang

Arah

a) Letakkan udang dalam satu lapisan dalam kuali jellyroll 15 x 10 x 1-inci; mengetepikan.

b) Tumis bawang putih dalam mentega sehingga bawang putih keperangan; keluarkan dan buang bawang putih. Masukkan baki bahan, kecuali pasli, kacau rata. Tuang adunan ke atas udang. Panggang udang 4 inci dari api selama 8 hingga 10 minit, tumbuk sekali. Taburkan dengan pasli.

Menghasilkan 6 hidangan.

37. Udang Lada Limau

bahan-bahan
- 1 paun udang besar, dikupas dan dikeringkan
- 1 sudu besar minyak zaitun
- 1 sudu besar rosemary segar cincang
- 1 sudu besar thyme segar yang dicincang
- 2 sudu kecil bawang putih dikisar
- 1 sudu teh lada hitam yang dikisar kasar
- Secubit lada merah kisar
- Jus sebiji limau nipis

Arah

a) Dalam mangkuk sederhana, satukan udang, minyak, herba dan lada. Gaul rata untuk menyaluti udang. Biarkan berdiri pada suhu bilik selama 20 minit.

b) Panaskan kuali besar tidak melekat pada api sederhana tinggi selama 3 minit. Masukkan udang dalam satu lapisan. Masak selama 3 minit setiap sisi, atau sehingga udang menjadi merah jambu dan baru masak. Jangan terlalu masak. Angkat dari api dan kacau dalam jus limau nipis.

38. Esplanade Udang Louisiana

bahan-bahan
- 24 ekor udang segar yang besar
- 12 auns mentega
- 1 sudu besar bawang putih tulen
- 2 sudu besar sos Worcestershire
- 1 sudu teh thyme kering
- 1 sudu teh rosemary kering
- 1/2 sudu teh oregano kering
- 1/2 sudu kecil lada merah ditumbuk
- 1 sudu kecil lada cayenne
- 1 sudu kecil lada hitam
- 8 auns bir
- 4 cawan nasi putih masak
- 1/2 cawan daun bawang dicincang halus

Arah
a) Basuh udang dan biarkan dalam kulit. Cairkan mentega dalam kuali besar dan kacau dalam bawang putih, sos Worcestershire dan perasa.
b) Masukkan udang dan goncangkan kuali untuk merendam udang dalam mentega, kemudian tumis dengan api sederhana tinggi selama 4 hingga 5 minit sehingga bertukar merah jambu.
c) Seterusnya, tuangkan bir dan kacau selama satu minit lagi, kemudian keluarkan dari api. Kerang dan kupas udang dan susun di atas katil nasi. Tuangkan jus kuali di atas dan hiaskan dengan daun bawang cincang.
d) Hidangkan segera.

39. Udang Tumis Malibu

bahan-bahan
- 1 sudu besar minyak kacang tanah
- 1 sudu besar mentega
- 1 sudu besar bawang putih kisar
- 1 paun udang sederhana, dibuang kulit dan dikupas
- 1 cawan cendawan dihiris
- 1 tandan daun bawang, dihiris
- 1 lada manis merah, dibiji, dipotong menjadi jalur nipis 2".
- 1 cawan kacang polong segar atau beku
- 1 cawan rum Malibu
- 1 cawan krim berat
- 1/4 cawan basil segar yang dicincang
- 2 sudu kecil pes cili kisar
- Jus 1/2 limau nipis
- Lada hitam tanah segar
- 1/2 cawan kelapa parut
- 1 paun fettuccini, masak

Arah

a) Panaskan minyak dan mentega dengan api besar dalam kuali besar. Masukkan bawang putih selama 1 minit. Masukkan udang, masak 2 minit sehingga merah jambu. Masukkan sayur-sayuran dan goreng 2 minit.

b) Masukkan rum dan reneh 2 minit. Masukkan krim dan reneh selama 5 minit. Masukkan baki perasa. Toskan dengan kelapa dan pasta yang telah dimasak.

40. Udang Bakar

bahan-bahan
- 4 paun udang segar besar yang belum dikupas atau 6 paun udang dengan kepala
- 1/2 cawan mentega
- 1/2 cawan minyak zaitun
- 1/4 cawan sos cili
- 1/4 cawan sos Worcestershire
- 2 biji lemon, dihiris
- 4 ulas bawang putih, cincang
- 2 sudu besar perasa Creole
- 2 sudu besar jus lemon
- 1 sudu besar pasli cincang
- 1 sudu kecil paprika
- 1 sudu teh oregano
- 1 sudu kecil lada merah dikisar
- 1/2 sudu teh sos panas
- roti Perancis

Arah
a) Lumurkan udang dalam kuali ayam pedaging beralas aluminium foil cetek.
b) Satukan mentega dan 12 bahan seterusnya dalam periuk dengan api perlahan, kacau sehingga mentega cair, dan tuangkan ke atas udang. Tutup dan sejukkan 2 jam, putar udang setiap 30 minit.
c) Bakar, tidak bertutup, pada 400 darjah F selama 20 minit; pusing sekali.
d) Hidangkan bersama roti, salad hijau dan jagung untuk hidangan lengkap.

41. Salad Udang Sejuk

bahan-bahan
- 2 Lbs. Udang Sedang
- 1 Cawan Miracle Whip
- 1/2 Cawan Bawang Hijau
- 1 Lada Loceng Hijau
- 1 Kepala Kecil Selada
- 1 Tomato Sederhana
- 1/2 Cawan Keju Mozzarella

Arah

a) Kupas, devein, dan rebus udang. Potong salad, lada benggala, tomato, bawang hijau dan udang, dan gaul bersama dalam mangkuk... Cincang keju mozzarella dan masukkan ke dalam salad.

b) Masukkan miracle whip dan gaul sebati.

42. Udang Batu M-80

Sos M-80

- 1 sudu besar tepung jagung
- 1 cawan air
- 1 cawan kicap
- 1 cawan gula perang ringan
- 1 sudu besar pes sambal cili
- cawan jus oren yang baru diperah 1 cili serrano, dicincang halus
- ulas bawang putih, dicincang halus (kira-kira 1 sudu besar)
- Satu ketul halia segar dua inci, dikikis/dikupas dan dicincang halus

Slaw

- kepala kubis hijau, dihiris nipis (kira-kira $1\frac{1}{2}$ cawan)
- kepala kubis merah, dihiris nipis (kira-kira $1\frac{1}{2}$ cawan)
- lobak merah sederhana, dihiris nipis 2 inci
- lada merah sederhana, dihiris nipis
- bawang merah sederhana, dihiris nipis
- 1 ulas bawang putih, hiris nipis
- 1 biji cili Serrano, dihiris nipis
- daun selasih, dihiris nipis

udang

- Minyak sayuran
- 2 paun udang batu (atau gantikan 16-20 kiraan udang yang dipotong menjadi kiub kecil) 1 cawan buttermilk
- 3 cawan tepung serba guna
- Bijan hitam dan putih
- 1 sudu besar bawang hijau, dihiris nipis
- Daun ketumbar

Arah

a) Buat sos M-80: Dalam mangkuk kecil, pukul bersama tepung jagung dan air. Mengetepikan.
b) Dalam periuk kecil, pukul bersama kicap, gula perang, pes cili, jus oren, cili, bawang putih dan halia dan masak sos sehingga mendidih. Kecilkan api dan reneh selama 15 minit. Pukul bancuhan tepung jagung dan air dan biarkan sos sehingga mendidih.
c) Buat slaw: Dalam mangkuk sederhana, gaulkan bersama kubis hijau dan merah, lobak merah, lada merah, bawang merah, bawang putih, cili dan selasih. Mengetepikan.
d) Buat udang: Dalam periuk sederhana yang ditetapkan di atas api yang tinggi, tambah minyak yang cukup untuk sampai separuh ke

atas periuk; panaskan sehingga minyak mencapai 350° (gunakan termometer untuk mengukur suhu). Masukkan udang batu ke dalam mangkuk besar dan tuangkan buttermilk ke atasnya.

e) Gunakan sudu berlubang untuk mengeluarkan udang, toskan lebihan susu mentega dan, dalam mangkuk yang berasingan, toskan udang dengan tepung. Goreng udang selama 1 hingga $1\frac{1}{2}$ Minit.

43. Roti bakar Pekan

bahan-bahan

- Dua belas 16-20 kiraan udang, dikupas dan kulit dibuang
- Garam dan lada hitam yang baru dikisar
- 2 buah alpukat
- 2 sudu besar jus limau nipis (kira-kira 1 limau sederhana), dibahagikan
- 2 sudu besar ketumbar dicincang halus
- 2 sudu teh jalapeño dicincang halus (kira-kira 1 jalapeño sederhana)
- 1 limau gedang
- 1 baguette kecil, dihiris menjadi kepingan $\frac{1}{4}$ inci Minyak zaitun extra-virgin
- Garam dan lada hitam yang baru dikisar $\frac{1}{4}$ cawan pistachio, dibakar dan dicincang

Arah

a) Letakkan udang di atas pinggan kecil dan perasakan dengan garam dan lada sulah. Potong avokado memanjang di sekeliling lubang dan keluarkan lubang. Potong daging alpukat dalam corak silang dan gunakan sudu untuk mencedok daging alpukat ke dalam mangkuk sederhana. Satukan alpukat dengan $1\frac{1}{2}$ sudu besar jus limau nipis dan ketumbar dan jalapeño.

b) Gunakan pisau untuk mengeluarkan kulit dan apa-apa empulur dari daging limau gedang dan potong sepanjang membran untuk mengeluarkan segmen. Mengetepikan.

c) Sapu hirisan baguette dengan minyak zaitun dan perasakan dengan garam dan lada sulah. Letakkan hirisan baguette dalam pembakar roti dan bakar sehingga perang keemasan.

d) Dalam set kuali sederhana di atas api sederhana, panaskan $1\frac{1}{2}$ sudu besar minyak zaitun dan masukkan udang. Masak selama satu minit pada satu sisi, kemudian balikkan dan masak lagi 30 saat di sebelah yang lain. Pindahkan udang ke dalam mangkuk dan toskan dengan baki $\frac{1}{2}$ sudu besar jus limau nipis.

e) Untuk memasang: Sapukan 2 sudu besar campuran alpukat pada setiap kepingan baguette. Teratas dengan satu atau dua ketul udang dan sekeping limau gedang. Taburkan pistachio di atas dan hidangkan segera.

44. Udang a la Plancha di atas Saffron Allioli Toasts

Hasil: Hidangan 4

bahan-bahan
Aioli
- Safron secubit besar
- 2 biji kuning telur besar
- 1 ulas bawang putih, cincang halus
- 2 sudu teh garam halal
- 3 cawan minyak zaitun extra-virgin, sebaik-baiknya bahasa Sepanyol
- 2 sudu teh jus lemon, ditambah lagi jika perlu

udang
- Roti negara hirisan ½ inci setebal empat
- 2 sudu besar minyak zaitun extra-virgin
- 1½ paun jumbo 16/20 kiraan udang kupas
- Garam kosher
- 2 biji lemon, dibelah dua
- 3 ulas bawang putih, cincang halus
- 1 sudu teh lada hitam yang baru dikisar
- 2 cawan sherry kering
- 3 sudu besar pasli daun rata yang dicincang kasar

Arah

a) Buat aioli: Dalam set kuali kecil di atas api sederhana, bakar kunyit sehingga ia rapuh, 15 hingga 30 saat. Letakkannya di atas pinggan kecil dan gunakan bahagian belakang sudu untuk menghancurkannya. Dalam mangkuk sederhana, masukkan kunyit, kuning telur, bawang putih dan garam dan pukul dengan kuat sehingga sebati. Mula menambah minyak zaitun beberapa titik pada satu masa, pukul dengan teliti antara penambahan, sehingga aioli mula menebal, kemudian gerimis baki minyak ke dalam campuran dalam aliran yang sangat perlahan dan mantap, pukul aioli sehingga ia pekat dan berkrim.

b) Masukkan jus lemon, rasa dan sesuaikan dengan lebih banyak jus lemon dan garam mengikut keperluan. Pindahkan ke dalam mangkuk kecil, tutup dengan bungkus plastik dan sejukkan.

c) Buat roti bakar: Laraskan rak ketuhar ke kedudukan paling atas dan ayam daging ke tinggi. Letakkan kepingan roti pada lembaran pembakar berbingkai dan sapu kedua-dua belah roti dengan 1 sudu besar minyak. Bakar roti sehingga perang keemasan, kira-kira 45 saat. Terbalikkan roti dan bakar bahagian lain (perhatikan ayam daging dengan teliti, kerana keamatan ayam daging berbeza-beza), 30 hingga 45 saat lebih lama. Keluarkan roti dari ketuhar dan letakkan setiap kepingan di atas pinggan.

d) Dalam mangkuk besar, letakkan udang. Gunakan pisau pengupas untuk membuat celah cetek di bahagian belakang udang yang melengkung, keluarkan urat dan biarkan kulitnya utuh. Panaskan kuali besar berdasar berat di atas api sederhana tinggi sehingga hampir berasap, $1\frac{1}{2}$ hingga 2 minit. Masukkan baki 1 sudu besar minyak dan udang. Taburkan secubit garam dan jus daripada separuh sebiji limau nipis ke atas udang dan masak sehingga udang mula menggulung dan tepi kulitnya menjadi perang, 2 hingga 3 minit.

e) Gunakan penyepit untuk membalikkan udang, taburkan lebih banyak garam dan jus daripada separuh limau yang lain dan masak sehingga udang berwarna merah jambu cerah, lebih kurang 1 minit lagi.

f) Buat perigi di tengah-tengah kuali dan kacau dalam bawang putih dan lada hitam; setelah bawang putih wangi, selepas kira-kira 30 saat, masukkan sherry, biarkan mendidih dan kacau campuran bawang putih-sherry ke dalam udang. Masak, kacau dan kikis kepingan coklat dari bahagian bawah kuali ke dalam sos. Tutup api dan perahkan jus separuh lagi limau. Potong separuh lemon yang tinggal menjadi kepingan.

g) Sapukan bahagian atas setiap keping roti dengan sesudu besar aioli kunyit. Bahagikan udang di antara pinggan dan tuangkan sedikit sos ke atas setiap hidangan. Taburkan dengan pasli dan hidangkan bersama hirisan lemon.

45. Kari Udang dengan Sawi

bahan-bahan:

- 1 paun udang
- 2 sudu besar minyak
- 1 sudu kecil kunyit
- 2 Sudu besar serbuk sawi
- 1 sudu teh garam
- 8 biji cili hijau

Arah

a) Buat pes mustard dalam jumlah air yang sama. Panaskan minyak dalam kuali tidak melekat dan goreng pes sawi dan udang selama sekurang-kurangnya lima minit, dan tambah 2 cawan air suam.

b) Didihkan dan masukkan kunyit dan garam serta cili hijau. Masak dengan api sederhana sederhana selama dua puluh lima minit lagi.

46. Kari Udang

bahan-bahan:

- 1 paun udang, dikupas dan dikeringkan
- 1 biji bawang, ditumbuk
- 1 sudu kecil pes halia
- 1 sudu teh pes bawang putih
- 1 tomato, puri
- 1 sudu kecil serbuk kunyit
- 1 sudu kecil serbuk cili
- 1 sudu kecil serbuk jintan manis
- 1 sudu kecil serbuk ketumbar
- 1 sudu teh garam atau secukup rasa
- 1 sudu teh jus lemon
- Daun ketumbar/ketumbar
- 1 sudu besar minyak

Arah

a) Panaskan minyak dalam kuali tidak melekat dan goreng bawang merah, tomato, halia dan bawang putih, bersama-sama dengan jintan manis dan serbuk ketumbar serta daun ketumbar/ketumbar selama lima minit dengan api sederhana.

b) Masukkan udang, kunyit dan serbuk cili serta garam bersama setengah cawan air suam dan masak dengan api sederhana selama dua puluh lima minit. Pastikan kuali ditutup dengan penutup. Kacau rata untuk biarkan udang sebati dengan rempah ratus. Perasakan dengan jus lemon, hiaskan dengan ketumbar/ketumbar sebelum dihidangkan.

47. Udang dalam Sos Bawang Putih

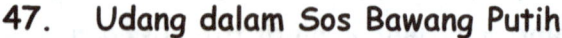

bahan-bahan
- 12 ulas bawang putih, cincang kasar
- 1 cawan minyak sayuran
- 1/4 cawan (1/2 batang) mentega tanpa garam
- 1 1/2 paun udang segar, dikupas, dibuang urat dan rama-rama (biarkan ekornya utuh)

Arah

a) Dalam kuali besar, tumis bawang putih dalam minyak sederhana panas (kira-kira 300 darjah F) sehingga perang muda. Perhatikan dengan teliti supaya tidak hangus. Selepas kira-kira 6 hingga 8 minit, masukkan mentega dengan cepat dan segera keluarkan dari api. Apabila semua mentega telah dimasukkan, kepingan akan menjadi garing. Keluarkan mereka dengan sudu berlubang dan simpan minyak dan mentega untuk menumis udang.

b) Dalam kuali besar, panaskan kira-kira 2 hingga 3 sudu besar minyak simpanan dan kemudian tumis udang selama kira-kira 5 minit. Balikkan sebentar dan kemudian keluarkan. Tambah lebih banyak minyak jika perlu untuk menumis semua udang. Garam secukup rasa. Hiaskan dengan hirisan bawang putih dan pasli. Hidangkan dengan Nasi Mexico.

c) Cuba sapu minyak bawang putih ke atas roti Perancis, kemudian taburkannya dengan pasli dan bakar.

d) Hidangkan ini dengan udang dan iringi hidangan dengan salad salad dan tomato.

48. Udang dalam Sos Krim Sawi

bahan-bahan
- 1 paun udang besar
- 2 sudu besar minyak sayuran
- 1 bawang merah, dikisar
- 3 sudu besar wain putih kering
- 1/2 cawan krim pekat atau krim putar
- 1 sudu besar mustard Dijon dengan biji
- Garam, secukup rasa

Arah

a) Udang kerang dan devein. Dalam kuali 10-inci dengan api sederhana masak bawang merah dalam minyak panas selama 5 minit, kacau selalu. Tingkatkan haba kepada sederhana-tinggi. Masukkan udang. Masak 5 minit atau sehingga udang bertukar merah jambu, kacau selalu. Keluarkan udang ke dalam mangkuk. Tambah wain ke titisan dalam kuali.

b) Masak dengan api sederhana selama 2 minit. Masukkan krim dan mustard. Masak selama 2 minit. Kembalikan udang ke dalam kuali. Kacau sehingga dipanaskan. Garam secukup rasa.

c) Hidangkan di atas nasi panas dan masak.

d) Hidangan 4.

49. Gazpacho

bahan-bahan

- 2 ulas bawang putih
- 1/2 biji bawang merah
- 5 biji tomato Roma
- 2 tangkai saderi
- 1 timun besar
- 1 zucchini
- 1/4 cawan minyak zaitun extra-virgin
- 2 sudu besar cuka wain merah
- 2 sudu besar gula Beberapa keping sos pedas Garam pedas
- Pukul lada hitam
- 4 cawan jus tomato berkualiti baik
- 1 paun udang, dikupas dan dihiris hirisan Avocado, untuk dihidangkan
- 2 biji telur rebus, dikisar halus Daun ketumbar segar, untuk menghidangkan roti berkerak, untuk dihidangkan

Arah

a) Kisar bawang putih, potong bawang menjadi kepingan, dan potong dadu tomato, saderi, timun dan zucchini. Buang semua bawang putih, semua bawang, separuh daripada baki sayur-sayuran dipotong dadu dan minyak ke dalam

mangkuk pemproses makanan atau, jika anda suka, pengisar.
b) Percikkan cuka dan masukkan gula, sos panas, garam dan lada sulah. Akhir sekali tuangkan 2 cawan jus tomato dan gaul rata. Anda pada asasnya akan mempunyai asas tomato dengan konfeti sayur-sayuran yang cantik.
c) Tuangkan adunan yang telah dikisar ke dalam mangkuk besar dan masukkan separuh lagi sayur-sayuran yang dipotong dadu. Kacau sebati. Kemudian kacau dalam baki 2 cawan jus tomato. Cuba rasa dan pastikan perasanya betul. Laraskan mengikut keperluan. Sejukkan selama sejam jika boleh.
d) Bakar atau tumis udang sehingga legap. Mengetepikan. Sendukkan sup ke dalam mangkuk, masukkan udang panggang dan hiaskan dengan hirisan alpukat, telur dan daun ketumbar. Hidangkan bersama roti berkerak di sebelah.

50. Linguine Udang Alfredo

bahan-bahan
- 1 (12 auns) bungkusan pasta linguine
- 1/4 cawan mentega, cair
- 4 sudu besar bawang besar dipotong dadu
- 4 sudu teh bawang putih dikisar
- 40 ekor udang kecil, dikupas dan dikupas
- 1 cawan separuh-dan-separuh
- 2 sudu kecil lada hitam yang dikisar
- 6 sudu besar keju Parmesan parut
- 4 tangkai pasli segar
- 4 keping lemon, untuk hiasan

Arah

a) Masak pasta dalam periuk besar air mendidih sehingga al dente; longkang. Sementara itu, cairkan mentega dalam periuk besar. Tumis bawang merah dan bawang putih dengan api sederhana hingga layu. Masukkan udang; tumis dengan api besar selama 1 minit, kacau sentiasa. Kacau separuh-dan-setengah.

b) Masak, kacau sentiasa, sehingga sos pekat. Letakkan pasta dalam hidangan hidangan, dan tutup dengan sos udang. Taburkan dengan lada hitam dan keju Parmesan.

c) Hiaskan dengan hirisan pasli dan lemon.

51. Marinara udang

bahan-bahan
- 1 (16 oz.) tin tomato, potong
- 2 Sudu besar pasli cincang
- 1 ulas bawang putih, dikisar
- 1/2 sudu teh selasih kering
- 1 sudu teh garam
- 1/4 sudu teh lada
- 1 sudu teh oregano kering
- 1 (6 oz.) tin pes tomato
- 1/2 sudu teh garam perasa
- 1 lb udang masak kulit
- Keju Parmesan parut
- spageti masak

Arah

a) Dalam periuk tempayan, gabungkan tomato dengan pasli, bawang putih, kemangi, garam, lada, oregano, pes tomato dan garam perasa. Tutup dan masak dengan api rendah selama 6 hingga 7 jam.

b) Pusingkan kawalan kepada tinggi, kacau udang, tutup dan masak di atas api selama 10 hingga 15 minit lagi. Hidangkan di atas spageti yang telah dimasak.

c) Teratas dengan keju Parmesan.

52. Udang Newburg

bahan-bahan
- 1 paun udang, dimasak, dibuang
- 4 auns cendawan tin
- 3 biji telur rebus, dikupas dan dicincang
- 1/2 cawan keju Parmesan
- 4 sudu besar mentega
- 1/2 bawang, dicincang
- 1 ulas bawang putih, dicincang
- 6 sudu besar tepung
- 3 cawan susu
- 4 sudu besar sherry kering
- sos Worcestershire
- Garam dan lada
- Sos Tabasco

Arah
a) Panaskan ketuhar hingga 375 darjah F.
b) Cairkan mentega kemudian tumis bawang besar dan bawang putih hingga layu. Masukkan tepung. Gaul sebati. Masukkan susu secara beransur-ansur, kacau sentiasa. Masak sehingga sos pekat. Masukkan sherry dan perasa secukup rasa.
c) Dalam mangkuk yang berasingan, satukan udang, cendawan, telur dan pasli. Masukkan sos bersama 1/4 cawan keju ke dalam adunan udang. Gaul sebati.
d) Tuangkan campuran ke dalam hidangan kaserol 2-kuar dan atas dengan baki keju. Titik dengan mentega.

e) Bakar 10 minit, sehingga sedikit keperangan di atas.

53. Udang Perap Berempah

bahan-bahan
- 2 paun Udang besar, dikupas dan dikupas
- 1 Sudu Teh Garam
- 1 Lemon, belah dua
- 8 Cawan Air
- 1 Cawan cuka wain putih atau cuka tarragon
- 1 Cawan minyak zaitun
- 1-2 Serrano cili (lebih kurang, bergantung pada rasa), dibuang biji dan urat, dikisar halus
- $\frac{1}{4}$ cawan ketumbar segar, dicincang
- 2 ulas bawang putih besar, dikisar atau dimasukkan ke dalam mesin penekan bawang putih
- 2 Sudu teh ketumbar segar, dicincang (jika mahu)
- 3 Bawang hijau (bahagian putih sahaja), dikisar
- Lada hitam yang baru dikisar, secukup rasa

Arah

a) Satukan air, garam dan separuh limau dalam ketuhar Belanda, dan biarkan mendidih. Masukkan udang, kacau, dan rebus perlahan-lahan selama 4-5 minit. Keluarkan dari haba dan toskan.

b) Satukan cuka, minyak zaitun, cili, ketumbar dan bawang putih dalam beg plastik atas zip besar atau bekas plastik lain. Masukkan udang rebus, dan sejukkan selama 12 jam atau semalaman, pusing beberapa kali.

c) Untuk menghidangkan, toskan cecair dari udang. Dalam mangkuk besar, gabungkan udang sejuk dengan ketumbar tambahan, bawang hijau dan lada hitam, dan kacau dengan baik. Susun dalam hidangan hidangan, dan hidangkan segera.

54. Udang Singapura yang pedas

bahan-bahan
- 2 paun udang besar
- 2 sudu besar sos tomato
- 3 sudu besar Sriracha
- 2 sudu besar jus lemon
- 2 sudu besar kicap
- 1 sudu besar gula
- 2 jalapeño sederhana, dibiji dan dicincang
- mentol putih 1 tangkai serai, dikisar
- 1 sudu besar halia segar, dikisar
- 4 biji daun bawang, dihiris nipis
- 1/4 cawan ketumbar, dicincang

Arah

a) Satukan sos tomato, cuka (jika guna), sos cili, jus lemon, kicap dan gula.

b) Dalam kuali besar, panaskan sedikit minyak sayuran dan masak udang dengan api besar. Apabila ia mula menjadi merah jambu, flipkannya.

c) Tambah sedikit lagi minyak dan jalapeño, bawang putih, serai dan halia. Kacau selalu sehingga adunan dipanaskan. Amaran: ia akan berbau lazat. Cuba untuk tidak kehilangan tumpuan anda.

d) Tumis bawang merah dan campuran sos tomato dalam kuali selama 30 saat, kemudian campurkan dalam ketumbar cincang. Hidangkan udang bersama nasi.

e)

55. Udang Cahaya Bintang

bahan-bahan

- 6 cawan air
- 2 sudu besar garam
- 1 lemon, dibelah dua
- 1 batang saderi, potong 3 inci
- 2 daun salam
- Sedikit lada cayenne
- 1/4 cawan pasli, dicincang
- 1 bungkus Rebus Ikan Ketam/Ketam/Udang
- 2 paun udang yang belum dikupas yang baru dibuang di Mobile Bay
- 1 bekas sos koktel

Arah

a) Potong kepala udang.
b) Satukan 8 bahan pertama dalam periuk besar atau Dutch Oven. Didihkan. Masukkan udang ke dalam kulit dan masak kira-kira 5 minit sehingga ia menjadi merah jambu. Toskan dengan baik dengan air sejuk dan sejukkan.
c) Kupas dan buang udang, kemudian simpan dalam peti sejuk sejuk.
d)

SOGIT

56. Sotong dalam wain merah

bahan-bahan

- 1kg (2.25lb) sotong muda
- 8 sudu besar minyak zaitun
- 350g (12oz) bawang kecil atau bawang merah 150ml (0.25pint) wain merah 6Sudu besar cuka wain merah
- 225g (8oz) tomato dalam tin, dicincang kasar 2 Sudu besar tomato puri
- 4 daun salam
- 2 sudu teh oregano kering
- lada hitam
- 2 sudu besar pasli cincang

Arah

a) Mula-mula bersihkan sotong. Tarik sesungut, keluarkan dan buang usus dan kantung dakwat, mata dan paruh. Kupas sotong dan basuh dan gosokkannya dengan teliti untuk menghilangkan sebarang kesan pasir. Potong menjadi kepingan 4-5cm (1.5-2 inci) dan masukkan ke dalam periuk di atas api sederhana untuk mengeluarkan cecair. Kacau sotong sehingga cecair ini sejat. Tuangkan minyak dan kacau sotong untuk menutupnya di semua sisi. Masukkan keseluruhan bawang dan masak, kacau sekali atau dua kali, sehingga berwarna sedikit.

b) Masukkan wain, cuka, tomato, tomato puri, daun bay, oregano dan beberapa kisar lada. Kacau rata, tutup kuali dan reneh perlahan-lahan selama 1-1.25 jam, periksa dari semasa ke semasa bahawa sos tidak kering. Jika ia berlaku - dan ini hanya akan berlaku jika haba terlalu tinggi - tambah sedikit lagi wain atau air. Sotong dimasak apabila ia mudah dicucuk dengan lidi.

c) Sos hendaklah pekat, seperti pes cair. Jika mana-mana cecair berpisah, keluarkan penutup dari kuali, besarkan api sedikit dan kacau sehingga sebahagian cecair sejat dan sos menjadi pekat. Buang daun bay dan kacau dalam pasli. Rasa sos dan sesuaikan perasa jika perlu. Hidangkan, jika anda suka, dengan nasi dan salad. Perkara penting Yunani ialah roti desa untuk mengelap sos.

BERKHIDMAT 4-6

57. Sotong acar

bahan-bahan

- 1kg (2.25lb) sotong muda
- kira-kira 150ml (0.25pint) minyak zaitun
- kira-kira 150ml (0.25pint) cuka wain merah 4 ulas bawang putih
- garam dan lada hitam 4-6 tangkai thyme atau 1 sudu teh hirisan lemon thyme kering, untuk dihidangkan

Arah

a) Sediakan dan basuh sotong (seperti dalam Octopus dalam Wain Merah). Letakkan kepala dan sesungut dalam kuali dengan 6-8 Sudu besar air, tutup dan reneh selama 1-1.25 jam sehingga ia lembut. Uji dengan lidi. Toskan sebarang cecair yang tinggal dan ketepikan untuk menyejukkan.

b) Potong daging ke dalam jalur 12mm (0.5 inci) dan bungkusnya dengan longgar ke dalam balang bertutup skru. Campurkan minyak dan cuka secukupnya untuk mengisi balang - jumlah yang tepat akan bergantung pada jumlah relatif makanan laut dan bekas - kacau bawang putih dan perasakan dengan garam dan lada sulah. Jika anda menggunakan thyme kering, campurkan dengan cecair pada peringkat ini. Tuangkan ke atas sotong, pastikan setiap bahagian terakhir terendam sepenuhnya. Jika anda menggunakan tangkai thyme, tolakkannya ke dalam balang.

c) Tutup balang dan ketepikan sekurang-kurangnya 4-5 hari sebelum digunakan.

d) Untuk menghidangkan, toskan sotong dan hidangkan di atas pinggan kecil atau piring kecil dengan hirisan limau.

e) Kiub roti lama sekurang-kurangnya satu hari, dilembing pada batang koktel, adalah iringan biasa.

BERKHIDMAT 8

58. Sotong Dimasak Dalam Wain

bahan-bahan
- 1 3/4 lb. sotong (dicairkan)
- 4 sudu besar. minyak zaitun
- 2 biji bawang besar dihiris
- garam dan lada
- 1 daun salam
- 1/4 cawan wain putih kering

Arah

a) Keluarkan bahagian kepala dari sotong. Bersih. Basuh tangan.

b) Potong sotong menjadi kepingan bersaiz gigitan.

c) Masak dalam minyak zaitun dengan api sederhana kira-kira 10 minit, putar selalu.

d) Masukkan bawang, perasa dan wain. Tutup dan renehkan perlahan-lahan sehingga sotong empuk, kira-kira 15 minit.

Hidangan 4

59. Anak sotong bakar Sicily

MEMBUAT 4 HIDANGAN

bahan-bahan

- 2½ paun bayi sotong yang telah dibersihkan dan dibekukan
- 2 cawan wain merah penuh, seperti
- Pinot Noir atau Cabernet Sauvignon
- 1 biji bawang kecil, dihiris
- 1 sudu kecil lada hitam
- sudu teh cengkih keseluruhan
- 1 daun salam
- 1 cawan Sicily Citrus Marinade
- ¾ cawan buah zaitun Sicily atau Cerignola yang diadu dan dicincang kasar
- 3 auns daun arugula bayi
- 1 sudu besar pudina segar yang dicincang
- Garam laut kasar dan lada hitam yang baru dikisar

Arah

a) Bilas sotong, dan kemudian masukkan ke dalam periuk sup dengan wain dan air yang cukup untuk menutup. Masukkan bawang besar, lada sulah, bunga cengkih, dan daun bay. Didihkan dengan api yang tinggi, dan kemudian kecilkan api kepada sederhana-rendah, tutup dan renehkan perlahan-lahan sehingga sotong cukup lembut untuk pisau masuk dengan mudah, 45 minit hingga 1 jam. Toskan sotong dan buang cecair atau tapis dan simpan untuk stok makanan laut atau risotto. Apabila sotong cukup sejuk untuk dikendalikan, potong sesungut di bahagian kepala.

b) Satukan sotong dan perap dalam beg berkunci zip 1 galon. Tekan udara, tutup beg, dan sejukkan selama 2 hingga 3 jam. Nyalakan gril untuk teruskan api sederhana tinggi, kira-kira $450\frac{1}{4}$F.

c) Keluarkan sotong dari perapan, keringkan, dan biarkan berdiri pada suhu bilik selama 20 minit. Tapis perapan ke dalam periuk dan biarkan mendidih dengan api sederhana. Masukkan buah zaitun dan angkat dari api.

d) Sapu parut gril dan salut dengan minyak. Bakar sotong terus di atas api sehingga bertanda gril dengan baik, 3 hingga 4 minit setiap sisi, tekan perlahan-lahan pada sotong untuk mendapat hangus yang baik. Susun arugula di atas pinggan atau pinggan dan atasnya dengan sotong. Sudukan sedikit sos hangat, termasuk sejumlah besar buah zaitun, pada setiap hidangan. Taburkan pudina, garam, dan lada hitam.

KERANGKANG

60. Pai Periuk Makanan Laut

bahan-bahan
- 1/2 cawan wain putih kering
- 1 paun kerang laut, potong dua jika besar sangat
- 1 kentang pembakar besar, dikupas dan dipotong menjadi dadu 1/2 inci
- 3 sudu besar mentega, dilembutkan
- 1/2 cawan epal tart yang dikupas dan dikisar
- 1 lobak merah besar, dicincang
- 1 rusuk saderi, dicincang
- 1 biji bawang besar, dikisar
- 1 ulas bawang putih, dikisar
- 1 1/2 cawan air rebusan ayam
- 1/4 cawan krim berat
- 2 sudu besar tepung serba guna
- 3/4 sudu teh garam
- 1/2 sudu teh lada putih yang baru dikisar Secubit lada cayenne
- 1 paun udang sederhana, dibuang kulit dan dikupas
- 1 cawan biji jagung
- 1 balang kecil (3 1/2 auns) jalur pimiento
- 2 sudu besar pasli cincang
- Pastri Kerak

Arah

a) Dalam periuk sederhana tidak reaktif, biarkan wain mendidih dengan api yang tinggi. Masukkan kerang dan masak sehingga legap sepanjang, kira-kira 1 minit. Toskan kerang, simpan cecair. Dalam periuk sederhana lain dengan air masin mendidih, masak kentang sehingga lembut, 6 hingga 8 minit; toskan dan ketepikan.

b) Panaskan ketuhar kepada 425F. Dalam periuk besar, cairkan 2 sudu besar mentega di atas api yang sederhana tinggi. Masukkan epal, lobak merah, saderi dan bawang dan masak sehingga campuran lembut dan mula perang, kira-kira 6 minit. Masukkan bawang putih dan masak selama 1 minit lagi. Tuangkan stok ayam dan besarkan api. Rebus sehingga sebahagian besar cecair telah sejat, kira-kira 5 minit.

c) Pindahkan campuran epal-sayur-sayuran ke pemproses makanan. Haluskan hingga halus. Kembali ke dalam periuk dan kacau dalam cecair kerang yang dikhaskan dan krim pekat.

d) Dalam mangkuk kecil, campurkan tepung ke dalam baki 1 sudu mentega untuk membentuk pes. Bawa krim kerang hingga mendidih dengan api sederhana. Pukul pes mentega secara beransur-ansur. Didihkan, kacau hingga

61. Kerang Bakar dengan Sos Bawang Putih

bahan-bahan
- 1 1/2 paun kerang bay, potong dua
- 3 ulas bawang putih, tumbuk
- 1/4 cawan (1/2 batang) marjerin, cair
- 10 cendawan putih pejal, dihiris
- Sedikit garam bawang
- Sedikit lada parut
- 1/3 cawan serbuk roti perasa
- 1 sudu teh pasli segar yang dicincang halus

Arah

a) Lap kerang dengan tuala kertas lembap. Tumbuk ulas bawang putih dan tambah kepada marjerin; kacau rata hingga sebati. Tetap hangat. Tuangkan sedikit sos bawang putih cair ke bahagian bawah hidangan pembakar; masukkan cendawan dan perasakan.

b) Letakkan kerang di atas cendawan. Simpan 1 sudu besar sos bawang putih dan renjiskan selebihnya pada kerang.

c) Taburkan serbuk roti, pasli dan sos bawang putih yang dikhaskan. Bakar dalam ketuhar yang telah dipanaskan 375 darjah F sehingga bahagian atas berwarna perang dan panas berbuih.

62. Kerang Provencal

bahan-bahan
- 2 sudu teh minyak zaitun
- 1 paun kerang laut
- 1/2 cawan bawang besar yang dihiris nipis, dipisahkan menjadi cincin 1 ulas bawang putih, dikisar
- 1 cawan tomato biasa atau plum yang dipotong dadu
- 1/4 cawan buah zaitun masak yang dicincang
- 1 sudu besar selasih kering
- 1/4 sudu teh thyme kering
- 1/8 sudu teh garam
- 1/8 sudu teh lada yang baru dikisar

Arah
a) Panaskan minyak zaitun dalam kuali nonstick yang besar di atas api sederhana tinggi. Masukkan kerang, dan tumis 4 minit atau sehingga masak.
b) Keluarkan kerang dari kuali dengan sudu berlubang; ketepikan, dan panaskan.
c) Masukkan cincin bawang dan bawang putih ke dalam kuali, dan tumis selama 1-2 minit. Masukkan tomato dan baki bahan dan tumis 2 minit atau sehingga empuk.

Sudukan sos ke atas kerang

63. Kerang dengan Sos Mentega Putih

bahan-bahan
- 750g (1=lb.) kerang
- 1 cawan wain putih
- 90g(3ozs) kacang salji atau kacang hijau yang dihiris nipis
- beberapa biji kucai untuk hiasan
- garam dan lada sulah yang baru dikisar
- sedikit jus lemon
- 1 Sudu besar bawang hijau cincang 125g(4ozs)
- mentega dipotong-potong

Arah

a) Keluarkan sebarang janggut dari kerang kemudian basuh. Keluarkan roes dengan berhati-hati dan letakkan di atas tuala kertas untuk kering. Perasakan dengan garam dan lada sulah.

b) Rebus kerang dan roe dalam wain dan jus lemon selama lebih kurang. 2 Minit. Angkat dan panaskan. Tali kacang salji jatuhkan ke dalam air masin mendidih selama 1 minit, toskan, lakukan perkara yang sama dengan kacang jika digunakan.

c) Masukkan bawang hijau ke dalam cecair pemburuan dan kurangkan kepada kira-kira 1/2 cawan. Dengan api perlahan, masukkan mentega sedikit demi sedikit, pukul untuk membuat sos (konsistensi krim tuang).

d) Hidangkan bersama roti berkerak untuk mengelap sos yang lazat.

HADDOCK

64. Haddock dengan Herbed Butter

Membuat 4 hidangan

bahan-bahan
Mentega herba:

- 1 cawan (2 batang) mentega tanpa garam, dilembutkan
- ½ cawan selasih yang dibungkus longgar
- ½ cawan pasli yang dibungkus longgar
- ½ bawang merah
- 1 ulas bawang putih kecil
- ½ sudu teh garam
- 1/8-sudu kecil lada

Bawang karamel:

- 1-sudu besar mentega
- 2 biji bawang besar, dihiris
- ½ sudu teh garam
- ¼ sudu teh lada hitam yang baru dikisar
- 2 sudu besar daun thyme segar, atau 1 sudu teh kering
- 2 paun haddock
- 3 biji tomato, dihiris

Arah
a) Buat mentega herba dengan memproses mentega lembut, basil, pasli, bawang

merah, bawang putih, garam dan lada sulah bersama-sama.

b) Hidupkan mentega pada sekeping bungkus plastik dan bentuk mentega menjadi log. Balut dalam bungkus plastik dan sejukkan atau bekukan. Panaskan mentega dan minyak dalam kuali sederhana dengan api sederhana rendah.

c) Masukkan bawang dan masak sehingga ia mula lembut, kacau sekali-sekala, kira-kira 15 minit.

d) Tambah garam dan lada; panaskan sedikit, dan masak sehingga perang keemasan, kacau sekali-sekala, 30 hingga 35 minit. Kacau dalam thyme.

e) Panaskan ketuhar hingga 375°. Minyakkan kuali 9 x 13 inci.

f) Sebarkan bawang di bahagian bawah kuali, dan kemudian letakkan haddock pada bawang.

g) Tutup haddock dengan hirisan tomato.

h) Bakar sehingga haddock masih agak legap di tengah (kira-kira 20 minit). Ia akan terus masak apabila anda mengeluarkannya dari ketuhar.

i) Potong mentega herba ke dalam medallion $\frac{1}{4}$ inci dan letakkan di atas tomato dan hidangkan.

65. Cajun Spiced Haddock

bahan-bahan
- 1 Fillet Haddock
- Tepung
- 1 sudu teh Rempah Cajun
- 75g Nenas dipotong dadu
- 1 Bawang Besar
- 10g Bawang Merah
- 10g Lada Merah
- 10g Minyak Zaitun

Arah

a) Untuk salsa potong dadu nanas kira-kira menjadi kiub 1cm, potong dadu bawang merah halus, 1 bawang besar, dan lada merah panggang dan kulit. Masukkan minyak dan cuka wain merah dan biarkan dalam mangkuk bertutup pada suhu bilik selama 1 jam.

b) Campurkan tepung dengan rempah Cajun dan salutkan fillet haddock yang berpengalaman.

c) Pan Goreng haddock dan hidangkan di atasnya dengan salsa.

66. Haddock, Leek dan Chowder Kentang

bahan-bahan
- 1/4 Fillet Haddock
- 25g Daun bawang yang dihiris
- 25g Kentang Dipotong dadu
- 15g Bawang besar dipotong dadu
- Krim 250ml
- 100ml Stok Ikan
- Parsley dicincang

Arah

a) Pan Goreng daun bawang yang telah dicuci dan dicincang.

b) Bila daun bawang sudah empuk masukkan kentang dan bawang besar.

c) Setelah sayur suam masukkan krim dan stok dan biarkan mendidih. Kecilkan hingga mendidih dan masukkan haddock yang dicincang.

d) Reneh selama 10 minit dan masukkan pasli cincang semasa anda menghidangkan.

67. Haddock salai dan Tomato Chutney

bahan-bahan:

- 3 x 175g fillet haddock salai
- 30 cawan tartlet siap sedia kecil

Rarebit

- 325g keju Cheddar yang kuat
- 75ml susu
- 1 biji kuning telur
- 1 biji telur keseluruhan
- 1/2 sudu besar serbuk mustard
- 30g tepung biasa
- 1/2 sudu teh sos Worcester, sos Tabasco
- 25g serbuk roti putih segar
- perasa

Chutney tomato

- 15g halia akar
- 4 biji cili merah
- 2kg tomato merah
- 500g epal, dikupas dan dicincang
- 200g sultana
- 400g bawang merah dicincang chunky
- garam
- 450g gula perang
- 570ml cuka malt

Arah

a) Perasakan haddock dengan baik dan masukkan ke dalam ketuhar dengan sedikit minyak zaitun dan masak selama kira-kira 5-6 minit.

b) Parut keju dan masukkan ke dalam kuali dengan susu dan perlahan-lahan hangat dalam kuali sehingga dibubarkan, keluarkan dari api dan sejuk.

c) Masukkan keseluruhan telur dan kuning telur, mustard, serbuk roti dan sedikit Worcester dan Tabasco, perasakan dan biarkan sejuk.

d) Kelupas haddock untuk mengeluarkan sebarang tulang dan letakkan chutney di bahagian bawah tart, di atasnya dengan ikan yang telah dikelupas. Panaskan panggangan dengan api yang tinggi dan atas haddock dengan rarebit dan letakkan di bawah panggangan sehingga perang keemasan di atas.

e) Keluarkan haddock dari panggangan dan hidangkan sekaligus.

SALMON

68. Salmon panggang ajaib

(Membuat 1 hidangan)

bahan-bahan

- 1 fillet salmon
- 2 sudu teh Salmon Magic
- Mentega tanpa garam, cair

Arah

a) Panaskan ketuhar hingga 450 F.
b) Sapu sedikit bahagian atas dan sisi fillet salmon dengan mentega cair. Sapu loyang kecil dengan mentega cair.
c) Perasakan bahagian atas dan tepi fillet salmon dengan Salmon Magic. Jika fillet tebal, gunakan sedikit lagi Salmon Magic. Tekan bahan perasa perlahan-lahan.
d) Letakkan fillet pada loyang dan bakar sehingga bahagian atas berwarna perang keemasan, dan fillet baru masak. Untuk mendapatkan salmon merah jambu yang lembap, jangan terlalu masak. Hidangkan segera.
e) Masa memasak: 4 hingga 6 minit.

69. Salmon dengan Delima dan Quinoa

Hidangan: 4 hidangan

bahan-bahan

- 4 fillet salmon, tanpa kulit
- ¾ cawan jus delima, tanpa gula (atau jenis rendah gula)
- ¼ cawan jus oren, tanpa gula
- 2 Sudu besar marmalade/jem oren
- 2 sudu besar bawang putih, dikisar
- Garam dan lada sulah secukup rasa
- 1 cawan quinoa, dimasak mengikut pakej
- Sedikit tangkai daun ketumbar

Arah:

a) Dalam mangkuk sederhana, satukan jus delima, jus oren, marmalade oren dan bawang putih. Perasakan dengan garam dan lada sulah dan sesuaikan rasa mengikut kesukaan.

b) Panaskan ketuhar hingga 400F. Griskan loyang dengan mentega lembut. Letakkan salmon di atas kuali, tinggalkan ruang 1 inci antara fillet.

c) Masak salmon selama 8-10 minit. Kemudian berhati-hati keluarkan kuali dari ketuhar dan tuangkan campuran delima. Pastikan bahagian atas salmon disalut sama rata dengan adunan. Masukkan semula salmon ke dalam ketuhar dan masak selama 5 minit lagi atau sehingga ia masak sepenuhnya dan adunan delima telah bertukar menjadi sayu keemasan.

d) Semasa salmon memasak, sediakan quinoa. Didihkan 2 cawan air dengan api sederhana dan masukkan quinoa. Masak selama 5-8 minit atau sehingga air telah diserap. Tutup api, kembangkan quinoa dengan garpu dan tutup semula. Biarkan sisa haba memasak quinoa selama 5 minit lagi.

e) Pindahkan salmon salut delima ke dalam hidangan hidangan dan taburkan beberapa ketumbar yang baru dicincang. Hidangkan salmon dengan quinoa.

70. Salmon Bakar dan Ubi Keledek

Hidangan: 4 hidangan

bahan-bahan

- 4 fillet salmon, kulit dibuang
- 4 biji keledek bersaiz sederhana, dikupas dan dipotong setebal 1 inci
- 1 cawan kuntum brokoli
- 4 sudu besar madu tulen (atau sirap maple)
- 2 Sudu besar marmalade/jem oren
- 1 tombol halia segar 1 inci, parut
- 1 sudu teh mustard Dijon
- 1 Sudu besar bijan, dibakar
- 2 Sudu besar mentega tanpa garam, cair
- 2 sudu teh minyak bijan
- Garam dan lada sulah secukup rasa
- Daun bawang/bawang merah, dicincang baru

Arah:

a) Panaskan ketuhar hingga 400F. Griskan loyang dengan mentega tanpa garam yang telah dicairkan.

b) Letakkan hirisan ubi keledek dan bunga brokoli dalam kuali. Perasakan sedikit garam, lada sulah dan satu sudu teh minyak bijan. Pastikan sayur-sayuran disalut sedikit dengan minyak bijan.

c) Bakar kentang dan brokoli selama 10-12 minit.

d) Semasa sayur-sayuran masih di dalam ketuhar, sediakan sayu manis. Dalam mangkuk adunan, masukkan madu (atau sirap maple), jem oren, halia parut, minyak bijan dan mustard.

e) Keluarkan loyang dari ketuhar dengan berhati-hati dan ratakan sayur-sayuran ke tepi untuk memberi ruang kepada ikan.

f) Perasakan salmon dengan sedikit garam dan lada sulah.

g) Letakkan fillet salmon di tengah-tengah kuali dan tuangkan sayu manis ke atas salmon dan sayur-sayuran.

h) Kembalikan kuali ke dalam ketuhar dan masak selama 8-10 minit tambahan atau sehingga salmon empuk.
i) Pindahkan salmon, ubi keledek dan brokoli ke dalam pinggan hidangan yang enak. Hiaskan dengan biji bijan dan daun bawang.

71. Salmon Bakar dengan Sos Kacang Hitam

Hidangan: 4 hidangan

bahan-bahan

- 4 fillet salmon, kulit dan tulang pin dikeluarkan
- 3 Sudu besar sos kacang hitam atau sos bawang putih kacang hitam
- ½ cawan stok ayam (atau stok sayur sebagai pengganti yang lebih sihat)
- 3 Sudu besar bawang putih, dikisar
- 1 tombol halia segar 1 inci, parut
- 2 sudu besar sherry atau sake (atau sebarang wain masakan)
- 1 sudu besar jus lemon, diperah segar
- 1 Sudu besar sos ikan
- 2 Sudu besar gula perang
- ½ sudu teh serpihan cili merah
- Daun ketumbar segar, dicincang halus
- Daun bawang sebagai hiasan

Arah:

a) Gris loyang besar atau alaskan dengan kertas parchment. Panaskan ketuhar hingga 350F.

b) Satukan stok ayam dan sos kacang hitam dalam mangkuk sederhana. Masukkan bawang putih kisar, halia parut, sherry, jus lemon, sos ikan, gula merah dan cili flakes. Gaul sebati sehingga gula perang larut sepenuhnya.

c) Tuangkan sos kacang hitam ke atas fillet salmon dan biarkan salmon menyerap sepenuhnya campuran kacang hitam selama sekurang-kurangnya 15 minit.

d) Pindahkan salmon ke dalam loyang. Masak selama 15-20 minit. Pastikan salmon tidak terlalu kering di dalam ketuhar.

e) Hidangkan bersama ketumbar dan daun bawang yang dihiris.

72. Salmon Bakar Paprika dengan Bayam

Hidangan: 6 hidangan

bahan-bahan

- 6 fillet salmon merah jambu, tebal 1 inci
- ¼ cawan jus oren, baru diperah
- 3 sudu teh thyme kering
- 3 Sudu besar minyak zaitun dara tambahan
- 3 sudu kecil serbuk paprika manis
- 1 sudu teh serbuk kayu manis
- 1 Sudu besar gula perang
- 3 cawan daun bayam
- Garam dan lada sulah secukup rasa

Arah:

a) Sapu sedikit zaitun pada setiap sisi fillet salmon, kemudian perasakan dengan serbuk paprika, garam dan lada sulah. Ketepikan selama 30 minit pada suhu bilik. Membenarkan salmon menyerap sapuan paprika.

b) Dalam mangkuk kecil, campurkan jus oren, thyme kering, serbuk kayu manis dan gula perang.
c) Panaskan ketuhar hingga 400F. Pindahkan salmon ke dalam loyang beralaskan foil. Tuangkan perapan ke dalam salmon. Masak salmon selama 15-20 minit.
d) Dalam kuali besar, tambah satu sudu teh minyak zaitun dara tambahan dan masak bayam selama kira-kira beberapa minit atau sehingga layu.
e) Hidangkan salmon yang dibakar dengan bayam di sebelah.

73. Salmon Teriyaki dengan Sayuran

Hidangan: 4 hidangan

bahan-bahan

- 4 fillet salmon, kulit dan tulang pin dikeluarkan
- 1 ubi keledek besar (atau ringkasnya ubi kentang), potong seukuran gigitan
- 1 lobak merah besar, potong saiz gigitan
- 1 biji bawang putih besar, potong baji
- 3 lada benggala besar (hijau, merah dan kuning), dicincang
- 2 cawan kuntum brokoli (boleh digantikan dengan asparagus)
- 2 Sudu besar minyak zaitun extra virgin
- Garam dan lada sulah secukup rasa
- Bawang besar, dicincang halus
- Sos teriyaki
- 1 cawan air
- 3 Sudu besar kicap
- 1 Sudu besar bawang putih, dikisar
- 3 Sudu besar gula perang
- 2 Sudu besar madu tulen
- 2 sudu besar tepung jagung (larutkan dalam 3 sudu besar air)

- ½ sudu besar bijan panggang

Arah:

a) Dalam kuali kecil, pukul kicap, halia, bawang putih, gula, madu dan air dengan api perlahan. Kacau berterusan sehingga adunan mendidih perlahan. Masukkan air tepung jagung dan tunggu sehingga adunan pekat. Masukkan bijan dan ketepikan.

b) Griskan loyang besar dengan mentega tanpa garam atau semburan masak. Panaskan ketuhar hingga 400F.

c) Dalam mangkuk besar, buang semua sayur-sayuran dan gerimis dengan minyak zaitun. Gaul rata sehingga sayur disalut dengan minyak. Perasakan dengan lada yang baru retak dan sedikit garam. Pindahkan sayur-sayuran ke dalam hidangan pembakar. Taburkan sayur-sayuran ke tepi dan biarkan sedikit ruang di tengah-tengah hidangan pembakar.

d) Letakkan salmon di tengah-tengah hidangan pembakar. Tuangkan 2/3 sos teriyaki ke dalam sayuran dan salmon.

e) Bakar salmon selama 15-20 minit.
f) Pindahkan salmon yang dibakar dan sayur-sayuran panggang ke dalam pinggan hidangan yang bagus. Tuangkan baki sos teriyaki dan hiaskan dengan daun bawang cincang.

74. Salmon Gaya Asia dengan Mi

Hidangan: 4 hidangan

bahan-bahan

Salmon

- 4 fillet salmon, kulit dibuang
- 2 Sudu besar minyak bijan panggang
- 2 Sudu besar madu tulen
- 3 Sudu besar kicap ringan
- 2 sudu besar cuka putih
- 2 sudu besar bawang putih, dikisar
- 2 sudu besar halia segar, parut
- 1 sudu teh bijan panggang
- Bawang besar dihiris untuk hiasan

Bihun

- 1 bungkus mee Asia

sos

- 2 Sudu besar sos ikan
- 3 sudu besar jus limau nipis, diperah segar
- Serpihan cili

Arah:

a) Untuk perapan salmon, satukan minyak bijan, kicap, cuka, madu, bawang putih kisar dan bijan. Tuangkan ke dalam salmon dan biarkan ikan perap selama 10-15 minit.
b) Letakkan salmon dalam hidangan pembakar, yang digris sedikit dengan minyak zaitun. Masak selama 10-15 minit dalam 420F.
c) Semasa salmon berada di dalam ketuhar, masak mi beras mengikut arahan pakej. Toskan dengan baik dan pindahkan ke mangkuk individu.
d) Campurkan sos ikan, jus limau nipis dan cili flakes dan tuangkan ke dalam mee beras.
e) Hiaskan setiap mangkuk mi dengan fillet salmon yang baru dibakar. Hiaskan dengan daun bawang dan biji bijan.

75. Salmon Rebus dalam Sup Tomato Bawang Putih

Hidangan 4

bahan-bahan

- 8 ulas bawang putih
- bawang merah
- sudu teh minyak zaitun dara tambahan
- 5 biji tomato masak
- 1 1/2 cawan wain putih kering
- 1 cawan air
- 8 tangkai thyme 1/4 sudu teh garam laut
- 1/4 sudu teh lada hitam segar
- 4 fillet Salmon Sockeye Sungai Tembaga minyak truffle putih (pilihan)

Arah

a) Kupas dan cincang kasar ulas bawang putih dan bawang merah. Dalam hidangan perap besar atau kuali tumis dengan penutup, letakkan minyak zaitun, bawang putih, dan bawang merah. Peluh di atas api sederhana sederhana sehingga lembut, kira-kira 3 minit.

b) Letakkan tomato, wain, air, thyme, garam, dan lada dalam kuali dan biarkan mendidih. Setelah mendidih, kecilkan api hingga mendidih dan tutup.

c) Reneh selama 25 minit sehingga tomato pecah mengeluarkan jusnya. Dengan sudu kayu atau spatula, hancurkan tomato menjadi pulpa. Reneh tanpa tutup selama 5 minit lagi sehingga kuahnya menyusut sedikit.

d) Semasa kuahnya masih mendidih, masukkan salmon ke dalam kuahnya. Tutup dan rebus selama 5 hingga 6 minit sahaja sehingga ikan mudah mengelupas. Letakkan ikan di atas pinggan dan ketepikan. Letakkan penapis ke dalam mangkuk besar dan tuangkan kuah yang tinggal ke dalam penapis. Tapis kuahnya dengan membuang pepejal yang tinggal. Rasa kuahnya dan tambah garam dan lada sulah jika perlu.

e) Kentang tumbuk mentega ringkas atau kentang panggang adalah sampingan yang baik dengan hidangan ini. Kemudian atas dengan asparagus tumis dan salmon rebus.

f) Tuangkan sup yang ditapis di sekeliling salmon. Tambah sedikit minyak truffle putih jika mahu. Hidang.

76. Salmon rebus

bahan-bahan

- Filet salmon kecil, kira-kira 6 auns

Arah

a) Masukkan kira-kira setengah inci air dalam kuali kecil 5-6 inci, tutupnya, panaskan air hingga mendidih, kemudian masukkan filet yang ditutup selama empat minit.
b) Masukkan apa-apa perasa yang anda suka ke dalam salmon atau ke dalam air.
c) Empat minit meninggalkan pusat mentah dan sangat berair.
d) Biarkan filet sejuk sedikit dan potong menjadi kepingan lebar setengah inci.
e) Tambahkan pada salad termasuk salad (apa-apa jenis) tomato yang baik, alpukat masak yang bagus, bawang merah, crouton, dan sebarang saus yang lazat.

77. Salmon Rebus dengan Salsa Herba Hijau

Hidangan: 4 hidangan

bahan-bahan

- 3 cawan air
- 4 uncang teh hijau
- 2 fillet salmon besar (kira-kira 350 gram setiap satu)
- 4 Sudu besar minyak zaitun dara tambahan
- 3 sudu besar jus lemon, diperah segar
- 2 sudu besar pasli, dicincang baru
- 2 sudu besar selasih, dicincang baru
- 2 sudu besar oregano, dicincang baru
- 2 Sudu besar kucai Asia, dicincang baru
- 2 sudu teh daun thyme
- 2 sudu teh bawang putih, dikisar

Arah:

a) Didihkan air dalam periuk besar. Masukkan uncang teh hijau, kemudian angkat dari api.

b) Biarkan uncang teh menjadi curam selama 3 minit. Ikan uncang teh dari periuk dan masak air yang diseduh teh sehingga mendidih. Masukkan salmon dan kecilkan api.
c) Rebus fillet salmon sehingga ia menjadi legap di bahagian tengah. Masak salmon selama 5-8 minit atau sehingga masak sepenuhnya.
d) Keluarkan salmon dari periuk dan ketepikan.
e) Dalam pengisar atau pemproses makanan, buang semua herba yang baru dicincang, minyak zaitun dan jus lemon. Gaul rata sehingga adunan menjadi pes yang licin. Perasakan pes dengan garam dan lada sulah. Anda boleh menyesuaikan perasa apabila perlu.
f) Hidangkan salmon rebus di atas pinggan besar dan di atasnya dengan pes herba segar.

78. Salad salmon rebus sejuk

Hasil: 2 hidangan

bahan-bahan

- 1 sudu besar saderi cincang
- 1 sudu besar lobak merah cincang
- 2 sudu besar bawang cincang kasar
- 2 cawan air
- 1 cawan wain putih
- 1 daun salam
- $1\frac{1}{2}$ sudu teh garam
- 1 lemon; potong separuh
- 2 tangkai pasli
- 5 biji lada hitam
- Fillet salmon potong tengah 9 auns
- 4 cawan bayi bayam; dibersihkan
- 1 sudu besar jus lemon
- 1 sudu teh perahan lemon cincang
- 2 sudu besar dill segar yang dicincang

- 2 sudu besar pasli segar yang dicincang
- ½ cawan minyak zaitun
- 1½ sudu teh bawang merah cincang
- 1 garam; untuk rasa
- 1 lada hitam yang baru dikisar; untuk rasa

Arah

a) Dalam kuali cetek letakkan saderi, lobak merah, bawang, wain, air, daun bay, garam, lemon, pasli, dan lada. Didihkan, kecilkan api, dan letakkan kepingan salmon dengan teliti ke dalam cecair yang sedang mendidih, tutup dan reneh selama 4 minit. Sementara itu buat perapan.

b) Dalam mangkuk campurkan bersama jus lemon, semangat, dill, pasli, minyak zaitun, bawang merah, garam dan lada. Tuangkan perapan ke dalam kuali atau bekas tidak reaktif dengan bahagian bawah rata dan ruang yang cukup untuk meletakkan salmon yang dimasak. Sekarang keluarkan salmon dari kuali dan masukkan ke dalam perapan. Biarkan sejuk selama 1 jam.

c) Masukkan bayam ke dalam sedikit perapan dan perasakan dengan garam dan lada sulah, dan bahagikan antara dua pinggan hidangan. Menggunakan spatula berlubang, letakkan salmon di atas bayam.

79. Salmon rebus dengan nasi melekit

Hasil: 1 hidangan

bahan-bahan

- 5 cawan minyak zaitun
- 2 kepala halia; dihancurkan
- 1 kepala bawang putih; dihancurkan
- 1 tandan daun bawang; terhiris
- 4 keping salmon; (6-auns)
- 2 cawan beras Jepun; dikukus
- $\frac{3}{4}$ cawan Mirin
- 2 daun bawang; terhiris
- $\frac{1}{2}$ cawan ceri kering
- $\frac{1}{2}$ cawan beri biru kering
- 1 helai nori; hancur
- $\frac{1}{2}$ cawan jus lemon
- $\frac{1}{2}$ cawan stok ikan
- $\frac{1}{4}$ cawan wain ais
- $\frac{3}{4}$ cawan minyak biji anggur

- ½ cawan jagung kering udara

Arah

a) Dalam periuk, bawa minyak zaitun sehingga 160 darjah. Masukkan halia yang telah ditumbuk, bawang putih dan daun bawang. Keluarkan campuran dari api dan biarkan ia meresap selama 2 jam. Terikan.

b) Kukus beras dan kemudian perasakan dengan mirin. Setelah sejuk, campurkan daun bawang yang dihiris, dikeringkan dalam periuk. Bawa minyak zaitun sehingga 160 darjah. Masukkan halia yang telah ditumbuk, bawang putih dan daun bawang. Ambil beri dan rumpai laut.

c) Untuk membuat sos, masak jus lemon, stok ikan dan wain ais sehingga mendidih. Keluarkan dari api dan campurkan dalam minyak biji anggur. Perasakan dengan garam dan lada sulah.

d) Untuk merebus ikan, bawa minyak pemburuan sehingga kira-kira 160 darjah dalam periuk yang dalam. Perasakan salmon dengan garam dan lada sulah dan perlahan-lahan rendam seluruh kepingan ikan dalam minyak. Biarkan merebus perlahan-lahan selama kira-kira 5 minit atau sehingga jarang-sederhana.

e) Semasa ikan masak, letakkan salad nasi di atas pinggan dan siram dengan sos lemon. Letakkan ikan rebus pada salad nasi apabila ia telah siap di rebus.

80. Fillet Ikan Salmon Citrus

Melayan 4 orang

bahan-bahan

- ¾ kg Isi Salmon Segar
- 2 sudu makan madu berperisa Manuka atau biasa
- 1 sudu besar jus limau nipis yang baru diperah
- 1 sudu besar jus oren yang baru diperah
- ½ sudu besar perahan limau nipis
- ½ sudu besar kulit oren
- ½ secubit garam dan lada sulah
- ½ limau nipis dihiris
- ½ oren dihiris
- ½ genggam Thyme Segar dan Herba Mikro

Arah

a) Gunakan kira-kira 1.5kg + Fillet Salmon Regal Segar, Kulit pada, tulang keluar.

b) Masukkan Oren, Limau nipis, Madu, Garam, lada sulah dan perahan kulit - gaul rata
c) Setengah jam sebelum memasak sayukan fillet dengan berus pastri dan sitrus cair.
d) Hiris nipis Oren dan Limau nipis
e) Bakar pada suhu 190 darjah selama 30 minit kemudian periksa, mungkin memerlukan 5 minit lagi bergantung pada cara anda memilih salmon anda.
f) Keluarkan dari ketuhar dan taburkan dengan Fresh Thyme dan Micro herbs

81. Lasagna Salmon

Melayan 4 orang

bahan-bahan

- 2/3 bahagian Susu untuk pemburuan haram
- 2/3 gram kepingan lasagna yang telah dimasak
- 2/3 cawan Dill Segar
- 2/3 cawan kacang
- 2/3 cawan (s) Parmesan
- 2/3 Bebola Mozzarella
- 2/3 Sos
- 2/3 Beg Bayi Bayam
- 2/3 cawan (s) Krim
- 2/3 sudu teh buah pala

Arah

a) Pertama, buat sos béchamel dan bayam dan rebus salmon. Untuk sos béchamel, cairkan mentega dalam periuk kecil. Kacau tepung dan masak selama beberapa minit sehingga berbuih, kacau sentiasa.

b) Masukkan susu suam secara beransur-ansur, kacau sepanjang masa, sehingga sos licin. Didihkan perlahan, kacau berterusan sehingga sos pekat. Perasakan dengan garam dan lada sulah secukup rasa.

c) Untuk membuat sos bayam, potong dan basuh bayam. Dengan air masih melekat pada daun, letakkan bayam dalam periuk besar, tutup dengan penutup dan renehkan perlahan-lahan sehingga daunnya layu.

d) Toskan dan perah lebihan air. Pindahkan bayam ke dalam pengisar atau pemproses makanan tambah krim dan buah pala. Pulpen hingga sebati kemudian perasakan dengan garam dan lada sulah.

e) Panaskan ketuhar hingga 180degC. Griskan loyang yang besar. Rebus salmon dalam susu perlahan-lahan sehingga masak, dan kemudian pecahkan menjadi kepingan bersaiz baik. Buang susu.

f) Tutup bahagian bawah loyang dengan 1 cawan sos béchamel dengan nipis.

g) Sapukan lapisan lembaran lasagne yang bertindih di atas sos, kemudian sapukan pada lapisan sos bayam dan letakkan separuh kepingan salmon secara merata di atasnya. Taburkan dengan beberapa dill cincang. Tambah satu lagi lapisan lasagne, kemudian tambah lapisan sos béchamel dan taburkannya dengan kacang pea untuk penutup kasar.

h) Ulangi lapisan sekali lagi, jadi lasagna, bayam dan salmon, dill, lasagne, sos béchamel dan kemudian kacang. Selesai dengan lapisan terakhir lasagne, kemudian lapisan nipis sos béchamel. Teratas dengan keju parmesan parut, dan kepingan mozzarella segar.

i) Bakar lasagne selama 30 minit, atau sehingga panas dan

82. Ikan Salmon Teriyaki

Melayan 4 orang

bahan-bahan

- 140 gram 2 x kembar Regal 140g Bahagian salmon segar
- 1 cawan (s) gula kastor
- 60 ml kicap
- 60 ml perasa mirin
- 60 ml perasa mirin
- 1 pek mee udon organik

Arah

a) Perap 4 x 140g keping salmon Fresh Regal, menggunakan gula kastor, kicap, sos mirin, campurkan kesemua 3 bahan bersama-sama dan biarkan pada salmon selama 30 minit.

b) Didihkan air dan masukkan mee udon organik dan biarkan mendidih dengan cepat selama 10 minit.

c) Hiris bawang merah nipis dan ketepikan.

d) Masak bahagian fillet salmon dalam kuali dengan api sederhana hingga tinggi selama 5 minit kemudian pusing dari sisi ke sisi, tuangkan sebarang sos tambahan.

e) Setelah mee siap, taburkan di atas pinggan, tutup dengan salmon

83. Ikan Salmon Kulit Rangup dengan Balutan Kaper

Melayan 4 orang

bahan-bahan

- 4 Bahagian Ikan Salmon NZ Segar 140g
- 200 ml minyak zaitun premium
- 160 ml cuka balsamic putih
- 2 ulas bawang putih ditumbuk
- 4 sudu besar caper dicincang
- 4 sudu besar pasli dicincang
- 2 sudu besar dill dicincang

Arah

a) Salutkan isi salmon dalam 20ml minyak zaitun dan perasakan dengan garam dan lada sulah.

b) Masak dengan api besar menggunakan kuali non-stick fry pan selama 5 minit, pusing atas ke bawah dan tepi ke tepi.

c) Letakkan bahan-bahan yang tinggal dalam mangkuk dan pukul, ini adalah pembalut anda, setelah salmon masak, sudukan dressing di atas fillet, kulit menghadap ke atas.

d) Hidangkan dengan salad Pear, walnut, halloumi dan roket

84. Fillet Salmon dengan Kaviar

Melayan 4 orang

bahan-bahan

- 1 sudu teh Garam
- 1 biji limau nipis
- 10 biji bawang merah (bawang besar) dikupas
- 2 sudu besar minyak soya (tambahan untuk memberus)
- 250 gram tomato ceri dibelah dua
- 1 Cili Hijau Kecil dihiris nipis
- 4 sudu besar Jus Limau nipis
- 3 sudu besar Sos ikan
- 1 sudu besar Gula
- 1 genggam tangkai Ketumbar
- 1 1/2kg Fillet Salmon Segar s/on b/out
- 1 Balang Telur Salmon (Kaviar)

- 3/4 Timun Dikupas, Dibelah Panjang, dibuang biji dan dihiris nipis

Arah

a) Panaskan ketuhar hingga 200degC, tetapi timun yang dihiris dalam mangkuk seramik, dengan garam, ketepikan selama 30minit membenarkan ia menjadi jeruk.

b) Masukkan Bawang Merah ke dalam pinggan panggang kecil, masukkan minyak soya, gaul rata dan masukkan ke dalam ketuhar selama 30 minit, sehingga ia lembut dan keperangan.

c) Keluarkan dari ketuhar dan ketepikan untuk menyejukkan, sementara itu basuh timun masin dengan baik, di bawah banyak air sejuk yang mengalir, kemudian perah kering dalam genggaman dan masukkan ke dalam mangkuk.

d) Panaskan panggangan ketuhar hingga sangat panas, belah dua bawang merah dan masukkannya ke dalam timun.

e) Masukkan tomato, cili, jus limau nipis, sos ikan, gula, tangkai ketumbar dan minyak bijan dan gaul rata.

f) Rasa - jika perlu laraskan manis, dengan gula dan jus limau - ketepikan.

g) Letakkan salmon di atas kertas pembakar minyak, sapu bahagian atas salmon dengan minyak soya, perasakan dengan garam dan lada sulah, letakkan di bawah panggangan selama 10 minit atau sehingga masak dan berwarna perang.

h) Keluarkan dari ketuhar, luncurkan ke atas pinggan, taburkan dengan campuran tomato dan timun dan sesudu penuh Salmon Roe.

i) Hidangkan bersama Lime Wedges dan Nasi

85. Stik salmon panggang ikan bilis

Hasil: 4 hidangan

Bahan

- 4 stik salmon
- tangkai pasli
- Lemon wedges ---mentega ikan bilis-----
- 6 biji ikan bilis
- 2 sudu besar Susu
- 6 sudu besar Mentega
- 1 titis sos Tabasco
- Lada

Arah

a) Pra-panaskan gril kepada api yang tinggi. Minyak rak gril dan letakkan setiap stik untuk memastikan haba yang sekata. Letakkan tombol kecil Mentega Ikan Bilis (bahagikan satu perempat adunan kepada empat) pada setiap stik. Bakar selama 4 minit.

b) Putar stik dengan kepingan ikan dan letakkan satu perempat lagi mentega di antara stik. Grill di sebelah kedua 4 minit. Kecilkan api dan biarkan masak selama 3 minit lagi, kurangkan jika stik nipis.

c) Hidangkan dengan sapuan mentega ikan bilis yang tersusun rapi di atas setiap stik.

d) Hiaskan dengan tangkai pasli dan hirisan lemon.

e) Mentega Ikan Bilis: Rendam semua isi ikan bilis dalam susu. Tumbuk dalam mangkuk dengan sudu kayu sehingga berkrim. Campurkan semua bahan dan sejukkan.

f) Hidangan 4.

86. Salmon panggang asap BBQ

Hasil: 4 Hidangan

Bahan

- 1 sudu kecil kulit limau nipis parut
- ¼ cawan jus limau nipis
- 1 sudu besar Minyak sayuran
- 1 sudu teh mustard Dijon
- 1 secubit Lada
- 4 stik salmon, tebal 1 inci [1-1/2 lb.]
- ⅓ cawan Bijan panggang

Arah

a) Dalam hidangan cetek, gabungkan kulit limau dan jus, minyak, mustard dan lada; masukkan ikan, putar ke kot. Tutup dan perap pada suhu bilik selama 30 minit, pusing sekali-sekala.

b) Memesan perapan, keluarkan ikan; taburkan dengan bijan. Letakkan pada gril yang telah digris terus dengan api sederhana. Masukkan serpihan kayu yang telah direndam.

c) Tutup dan masak, putar dan tabur dengan bahan perapan separuh, selama 16-20 minit atau sehingga ikan mudah mengelupas apabila diuji dengan garpu.

87. Salmon panggang arang dan kacang hitam

Hasil: 4 hidangan

Bahan

- ½ paun Kacang Hitam; basah kuyup
- 1 Bawang kecil; dicincang
- 1 lobak merah kecil
- ½ rusuk saderi
- 2 auns Ham; dicincang
- 2 lada jalapeno; bertangkai dan dipotong dadu
- 1 Ulas Bawang Putih
- 1 Daun Bay; diikat bersama dengan
- 3 Tangkai Thyme
- 5 cawan Air
- 2 Ulas Bawang Putih; cincang
- ½ sudu teh Serpihan Lada Panas
- ½ lemon; berjus

- 1 Lemon; berjus

- ⅓ cawan Minyak Zaitun

- 2 sudu besar Basil Segar; dicincang

- 24 auns Steak Salmon

Arah

a) Satukan dalam periuk besar kacang, bawang, lobak merah, saderi, ham, jalapenos, bawang putih cengkih keseluruhan, daun bay dengan thyme, dan air. Reneh sehingga kacang lembut, kira-kira 2 jam, tambah lebih banyak air jika perlu untuk memastikan kacang ditutup.

b) Keluarkan lobak merah, saderi, herba dan bawang putih, dan toskan cecair memasak yang tinggal. Gaulkan kacang dengan bawang putih cincang, kepingan lada panas dan jus ½ sebiji lemon. Mengetepikan.

c) Semasa kacang dimasak, gabungkan jus sebiji lemon, minyak zaitun, dan daun selasih. Tuangkan ke atas stik salmon, dan sejukkan selama 1 jam. Bakar salmon di atas api yang sederhana tinggi selama 4-5 minit setiap sisi, taburkan dengan sedikit perapan setiap minit. Hidangkan setiap stik dengan sebahagian daripada kacang.

88. Mercun panggang salmon Alaska

Hasil: 4 Hidangan

Bahan

- 4 6 oz. stik salmon
- ¼ cawan minyak kacang tanah
- 2 sudu besar kicap
- 2 sudu besar cuka balsamic
- 2 sudu besar daun bawang dicincang
- 1½ sudu teh gula perang
- 1 ulas bawang putih, dikisar
- ¾ sudu teh akar halia segar parut
- ½ sudu teh Serpihan cili merah, atau lebih
- rasa
- ½ sudu teh minyak bijan
- ⅛ sudu teh Garam

Arah

a) Letakkan stik salmon dalam hidangan kaca. Pukul bahan-bahan yang tinggal dan tuangkan ke atas salmon.

b) Tutup dengan bungkus plastik dan perap dalam peti sejuk selama 4 hingga 6 jam. Panaskan panggangan. Keluarkan salmon dari perapan, sapu panggangan dengan minyak dan letakkan salmon di atas panggangan.

c) Bakar di atas api sederhana selama 10 minit setiap inci ketebalan, diukur pada bahagian paling tebal, pusing separuh masak, atau sehingga ikan mengelupas apabila diuji dengan garpu.

89. Salmon panggang kilat

Hasil: 1 hidangan

Bahan

- 3 auns Salmon
- 1 sudu besar minyak zaitun
- $\frac{1}{2}$ lemon; jus daripada
- 1 sudu kecil daun bawang
- 1 sudu teh Parsley
- 1 sudu teh lada tanah segar
- 1 sudu besar kicap
- 1 sudu besar sirap Maple
- 4 kuning telur
- $\frac{1}{4}$ pint stok ikan
- $\frac{1}{4}$ pint wain putih
- 125 mililiter Krim berganda
- daun kucai
- Pasli

Arah

a) Hiris nipis salmon dan masukkan ke dalam bekas minyak zaitun, sirap maple, kicap, lada dan jus lemon selama 10-20 minit.

b) Sabayon: Pukul telur di atas bain marie. Kurangkan wain putih dan stok ikan dalam kuali. Masukkan adunan ke dalam putih telur dan pukul. Masukkan krim, masih kacau.

c) Letakkan hirisan nipis salmon ke atas pinggan hidangan dan gerimis pada sedikit sabayon. Letakkan di bawah gril selama 2-3 minit sahaja.

d) Angkat dan hidangkan segera dengan taburan daun bawang dan pasli.

e)

90. Pasta dakwat salmon dan sotong panggang

Hasil: 1 hidangan

Bahan

- 4 200 g; (7-8oz) kepingan fillet salmon
- Garam dan lada
- 20 mililiter minyak sayuran; (3/4oz)
- Minyak zaitun untuk menggoreng
- 3 ulas bawang putih dicincang halus
- 3 biji tomato dicincang halus
- 1 Bawang besar dicincang halus
- perasa
- 1 Brokoli

Arah

a) Pasta: anda boleh membeli sachet dakwat sotong dari penjual ikan yang baik ... atau menggunakan pasta kegemaran anda

b) Pra-panaskan ketuhar kepada 240øC/475øF/tanda gas 9.

c) Perasakan kepingan salmon fillet dengan garam dan lada sulah. Panaskan kuali non-stick, kemudian masukkan minyak. Masukkan salmon ke dalam kuali dan bakar pada setiap sisi selama 30 saat.

d) Pindahkan ikan ke dalam dulang pembakar, kemudian panggang selama 6-8 minit sehingga kepingan ikan, tetapi masih sedikit merah jambu di tengah. Biarkan berehat selama 2 minit.

e) Pindahkan ikan ke dalam pinggan suam dan sudukan ke atas sos.

f) Masak brokoli dengan pasta selama kira-kira 5 minit.

g) Tuang sedikit minyak dalam kuali, masukkan bawang putih, tomato dan bawang besar. Goreng dengan api kecil selama 5 minit, masukkan brokoli pada saat akhir.

91. Salmon dengan bawang panggang

MEMBUAT 8 HINGGA 10 HIDANGAN

bahan-bahan

- 2 cawan kerepek kayu keras, direndam dalam air
- 1 ikan salmon Norway ternakan sisi besar (kira-kira 3 paun), tulang pin dikeluarkan
- 3 cawan Air garam Merokok, dibuat dengan vodka
- ¾ cawan Sapuan Merokok
- 1 sudu besar rumpai dill kering
- 1 sudu kecil serbuk bawang
- 2 biji bawang merah besar, potong bulat setebal -inci
- ¾ cawan minyak zaitun extra-virgin 1 tandan dill segar
- Kulit parut halus 1 lemon 1 ulas bawang putih, dikisar
- Garam kasar dan lada hitam yang dikisar

Arah

a) Masukkan salmon ke dalam beg berkunci zip jumbo (2 galon). Jika anda hanya mempunyai beg 1 gelen, potong ikan separuh dan gunakan dua beg. Masukkan air garam ke dalam beg, tekan udara, dan tutup. Sejukkan selama 3 hingga 4 jam.

b) Campurkan semua kecuali 1 sudu besar sapuan dengan dill kering dan serbuk bawang dan ketepikan. Rendam hirisan bawang dalam air batu. Panaskan gril untuk api perlahan tidak langsung, kira-kira 225iF, dengan asap. Toskan serpihan kayu dan masukkan ke dalam gril.

c) Keluarkan salmon dari air garam dan keringkan dengan tuala kertas. Buang air garam. Salutkan ikan dengan 1 sudu besar minyak dan taburkan bahagian daging dengan sapuan yang telah mengeringkan dill di dalamnya.

d) Angkat bawang dari air ais dan keringkan. Sapukan dengan 1 sudu besar minyak dan taburkan dengan baki 1 sudu besar sapuan. Ketepikan ikan dan bawang untuk berehat selama 15 minit.

e) Sapu parut gril dan sapu dengan minyak. Letakkan salmon, bahagian daging ke bawah, terus di atas api dan panggang selama 5 minit sehingga permukaannya berwarna perang keemasan. Dengan menggunakan spatula ikan besar atau dua spatula biasa, pusingkan kulit ikan ke bawah dan letakkan pada jeriji gril jauh dari api. Letakkan hirisan bawang terus di atas api.

f) Tutup panggangan dan masak sehingga salmon padat di luar, tetapi tidak kering, dan tahan di tengah, kira-kira 25 minit. Apabila selesai, lembapan akan menembusi permukaan apabila ikan ditekan perlahan-lahan. Ia tidak sepatutnya mengelupas sepenuhnya di bawah tekanan.

g) Balikkan bawang sekali semasa masa memasak.

h)

92. Salmon papan cedar

Hidangan: 6

bahan-bahan

- 1 papan cedar yang tidak dirawat (kira-kira 14" x 17" x 1/2")
- 1/2 cawan sos Itali
- 1/4 cawan matahari cincang-tomato kering
- 1/4 cawan basil segar yang dicincang
- 1 (2-paun) fillet salmon (tebal 1 inci), kulit dibuang

Arah

a) Rendam sepenuhnya papan cedar di dalam air, letakkan pemberat di atasnya untuk memastikan ia dilindungi sepenuhnya. Rendam sekurang-kurangnya 1 jam.
b) Panaskan gril hingga sederhana-panas tinggi.
c) Dalam mangkuk kecil, gabungkan sos, matahari-tomato kering, dan selasih; mengetepikan.

d) Keluarkan papan dari air. Letakkan salmon pada papan; letak atas gril dan tutup penutup. Bakar 10 minit kemudian sapu salmon dengan campuran sos. Tutup tudung dan panggang 10 minit lagi, atau sehingga salmon mengelupas dengan mudah menggunakan garpu.

93. Salmon bawang putih salai

Hidangan 4

bahan-bahan

- 1 1/2 paun. fillet salmon
- garam dan lada sulah secukup rasa 3 ulas bawang putih, dikisar
- 1 tangkai dill segar, cincang 5 keping lemon
- 5 tangkai rumpai dill segar
- 2 bawang hijau, dicincang

Arah

a) Sediakan perokok hingga 250° F.
b) Sembur dua keping besar aluminium foil dengan semburan masak.
c) Letakkan fillet salmon di atas satu keping foil. Taburkan salmon dengan garam, lada, bawang putih dan dill cincang. Susun hirisan lemon di atas fillet dan letakkan setangkai dill di atas setiap hirisan lemon. Taburkan fillet dengan bawang hijau.
d) Asap selama kira-kira 45 minit.

94. Salmon Bakar dengan Pic Segar

Hidangan: 6 hidangan

bahan-bahan

- 6 fillet salmon, tebal 1 inci
- 1 tin besar pic dihiris, pelbagai jenis sirap ringan
- 2 Sudu besar gula putih
- 2 Sudu besar kicap ringan
- 2 Sudu Besar Dijon mustard
- 2 Sudu besar mentega tanpa garam
- 1 tombol halia segar 1 inci, parut
- 1 sudu besar minyak zaitun, pelbagai jenis extra virgin
- Garam dan lada sulah secukup rasa
- Ketumbar yang baru dicincang

Arah:

a) Toskan pic yang dihiris dan simpan sekitar 2 Sudu besar sirap ringan. Potong pic menjadi kepingan bersaiz gigitan.

b) Letakkan fillet salmon dalam hidangan pembakar yang besar.

c) Dalam periuk sederhana, masukkan sirap pic yang dikhaskan, gula putih, kicap, mustard Dijon, mentega, minyak zaitun dan halia. Teruskan mengacau dengan api perlahan sehingga adunan menjadi pekat sedikit. Masukkan garam dan lada sulah mengikut citarasa.

d) Tutup api dan sapukan sedikit adunan ke dalam fillet salmon dengan menggunakan berus basting.

e) Masukkan pic yang dihiris ke dalam periuk dan salutkan dengan sayu. Tuangkan pic sayu ke atas salmon dan ratakan.

f) Bakar salmon selama kira-kira 10-15 minit dalam 420F. Perhatikan salmon dengan teliti supaya hidangan tidak hangus.

g) Taburkan beberapa ketumbar yang baru dicincang sebelum dihidangkan.

95. Salmon salai dan Keju Krim pada Roti Bakar

Hidangan: 5 hidangan

bahan-bahan

- 8 keping roti baguette Perancis atau rai
- ½ cawan krim keju, dilembutkan
- 2 sudu besar bawang putih, dihiris nipis
- 1 cawan salmon salai, dihiris
- ¼ cawan mentega, jenis tanpa garam
- ½ sudu teh perasa Itali
- Daun Dill, dicincang halus
- Garam dan lada sulah secukup rasa

Arah:

a) Dalam kuali kecil, cairkan mentega dan masukkan perasa Itali secara beransur-ansur. Sapukan adunan ke dalam kepingan roti.

b) Bakar mereka selama beberapa minit dengan menggunakan pembakar roti.

c) Sapukan sedikit krim keju pada roti bakar. Kemudian taburkan dengan salmon salai dan hirisan nipis bawang merah. Ulangi proses sehingga semua hirisan roti bakar digunakan.

d) Pindahkan ke dalam pinggan hidangan dan hiaskan daun dill yang dicincang halus di atasnya.

96. Salad salmon panggang halia

Hasil: 4 Hidangan

bahan-bahan

- ¼ cawan yogurt kosong tanpa lemak
- 2 sudu besar Halia segar dicincang halus
- 2 ulas bawang putih, cincang halus
- 2 sudu besar jus limau nipis segar
- 1 sudu besar kulit limau nipis yang baru diparut
- 1 sudu besar Madu
- 1 sudu besar minyak Canola
- ½ sudu teh Garam
- ½ sudu teh lada hitam yang baru dikisar
- 1¼ paun fillet Salmon, tebal 1 inci, potong 4 bahagian, kulit di atas, tulang pin dibuang
- Salad Selada Air dan Acar Halia
- Biji limau nipis untuk hiasan

Arah:

a) Dalam mangkuk kecil, pukul bersama yogurt, halia, bawang putih, jus limau nipis, kulit limau, madu, minyak, garam dan lada sulah.

b) Letakkan salmon dalam pinggan kaca cetek dan tuangkan perapan di atasnya, pusingkan salmon untuk bersalut pada semua sisi. Tutup dan perap dalam peti sejuk selama 20 hingga 30 minit, pusing sekali atau dua kali.

c) Sementara itu, sediakan api arang atau panaskan pemanggang gas. (Jangan gunakan kuali gril; salmon akan melekat.) 3. Menggunakan berus barbeku yang dikendalikan panjang, salutkan rak gril dengan minyak.

d) Letakkan salmon, menghadap ke atas kulit, di atas panggangan. Masak selama 5 minit. Menggunakan 2 spatula logam, balikkan kepingan salmon dengan berhati-hati dan masak sehingga legap di tengah, 4 hingga 6 minit lebih lama. Dengan 2 spatula, keluarkan salmon dari panggangan. Keluarkan kulit.

e) Toskan salad selada air dengan sos dan bahagikan antara 4 pinggan. Teratas dengan sekeping salmon panggang. Hiaskan dengan hirisan limau nipis. Hidangkan segera.

97. Salmon panggang dengan salad adas

Hasil: 2 hidangan

Bahan

- 2 140 g fillet salmon
- 1 Adas mentol; dihiris halus
- ½ buah pir; dihiris halus
- Beberapa keping walnut
- 1 secubit biji buah pelaga ditumbuk
- 1 oren; bersegmen, jus
- 1 tandan Ketumbar; dicincang
- 50 gram Light fromage frais
- 1 secubit serbuk kayu manis
- Garam batu serpihan dan lada hitam yang dikisar

Arah:

a) Perasakan salmon dengan garam dan lada sulah dan panggang di bawah panggangan.

b) Campurkan pir dengan adas dan perasakan dengan banyak lada hitam, buah pelaga dan walnut.

c) Kisar jus oren dan perahan dengan frais fromage dan masukkan sedikit kayu manis. Letakkan longgokan adas di tengah pinggan dan renda salmon di atas. Hiaskan bahagian luar pinggan dengan segmen oren dan gerimis dengan frais fromage oren.

d) Adas mengurangkan kesan toksin alkohol dalam badan, dan merupakan penghadaman yang baik.

98. Salmon panggang dengan kentang dan selada air

Hasil: 6 Hidangan

Bahan

- 3 paun Kecil merah berkulit nipis
- Kentang
- 1 cawan bawang merah yang dihiris nipis
- 1 cawan cuka beras perasa
- Lebih kurang 1/2 paun selada air
- Dibilas dan garing
- 1 fillet salmon, kira-kira 2 lbs.
- 1 sudu besar kicap
- 1 sudu besar gula perang yang dibungkus padat
- 2 cawan serpihan kayu alder atau mesquite
- Direndam dalam air
- garam

Arah:

a) Dalam kuali 5 hingga 6 liter, masak kira-kira 2 liter air hingga mendidih dengan api yang tinggi; masukkan kentang. Tutup dan reneh dengan api perlahan sehingga kentang lembut apabila ditebuk, 15 hingga 20 minit. Toskan dan sejukkan.

b) Rendam bawang kira-kira 15 minit dalam air sejuk untuk menutup. Toskan dan campurkan bawang dengan cuka beras. Potong kentang dalam empat bahagian; tambah bawang.

c) Potong tangkai selada air lembut dari batang, kemudian cincang halus batang kursus untuk membuat $\frac{1}{2}$ cawan (buang tambahan atau simpan untuk kegunaan lain). Campurkan batang cincang pada pinggan bujur besar dengan salad kentang bersama; tutup dan simpan sejuk. Bilas salmon dan keringkan. Letakkan, sisi kulit ke bawah, pada sekeping foil berat. Potong kerajang mengikut garis besar ikan, meninggalkan sempadan 1 inci.

d) Kelimkan tepi kerajang agar sesuai dengan tepi ikan. Campurkan kicap dengan gula perang dan sapu pada fillet salmon.

e) Letakkan ikan di tengah panggangan, bukan di atas arang atau api. Tutup barbeku (buka lubang untuk arang) dan masak sehingga ikan hampir tidak legap di bahagian paling tebal (dipotong untuk diuji), 15 hingga 20 minit. Pindahkan ikan ke pinggan dengan salad. Masukkan garam secukup rasa. Hidangkan panas atau sejuk.

IKAN PEDANG

99. Ikan todak bijan mandarin

Hidangan: 4

Bahan

- 1/2 cawan jus oren segar
- 2 sudu besar kicap
- 2 sudu teh minyak bijan
- 2 sudu teh akar halia segar parut
- 4 (6-auns) stik ikan todak
- 1 (11-auns) boleh limau mandarin, toskan
- 1 sudu besar bijan, dibakar

Arah

a) Dalam beg penyimpanan plastik yang besar boleh ditutup semula, gabungkan jus oren, kicap, minyak bijan dan halia; masukkan ikan, seal bag, dan perap dalam peti ais selama 30 minit. Keluarkan ikan dari perapan, simpan perapan.
b) Panaskan gril hingga sederhana-panas tinggi.
c) Letakkan ikan di atas rak gril yang telah disapu minyak. Bakar ikan 6 hingga 7 minit setiap sisi, atau sehingga ia mudah mengelupas dengan garpu.
d) Sementara itu, letakkan perapan yang dikhaskan dalam periuk dan biarkan mendidih dengan api yang tinggi. Biarkan mendidih sehingga menyusut dan pekat.

Masukkan oren mandarin dan tuangkan ke atas ikan todak.

e) Taburkan bijan dan hidangkan.

100. Stik ikan todak pedas

Bahan

- 4 (4 oz.) Stik ikan todak
- 1/4 sudu teh Cayenne, thyme, dan oregano
- 2 Sudu Besar Paprika
- 2 Sudu Besar Marjerin atau mentega (dicairkan)
- 1/2 sudu teh Garam, lada sulah, bawang merah dan serbuk bawang putih

Arah

a) Untuk pembuka selera, potong stik ikan todak menjadi jalur kecil. Untuk hidangan, biarkan stik ikan todak utuh. Campurkan semua musim bersama-sama. Celup ikan dalam mentega cair. Salut kedua-dua belah dengan perasa. Letakkan di atas panggangan.

b) Masak kira-kira 4 minit; putar, dan masak lebih kurang 4 minit lagi atau sehingga ikan pejal dan mengelupas. Membuat 4 hidangan.

KESIMPULAN

Makanan laut adalah salah satu makanan yang sangat diperdagangkan yang menyediakan makanan tempatan yang penting dan memegang bahagian besar dalam ekonomi banyak negara. Ikan sirip dan kerang adalah dua kelas utama ikan yang merangkumi ikan putih, ikan kaya minyak, moluska dan krustasea.

Makanan laut telah dianggap sebagai sumber yang sangat baik untuk pelbagai sebatian pemakanan seperti protein, lemak sihat (asid lemak tak tepu terutamanya omega-3 dan omega-6), iodin, vitamin D, kalsium dan lain-lain dan sebatian ini mempunyai kesan pencegahan terhadap banyak penyakit jantung. dan gangguan autoimun.

www.ingramcontent.com/pod-product-compliance
Lightning Source LLC
Chambersburg PA
CBHW070641120526
44590CB00013BA/806